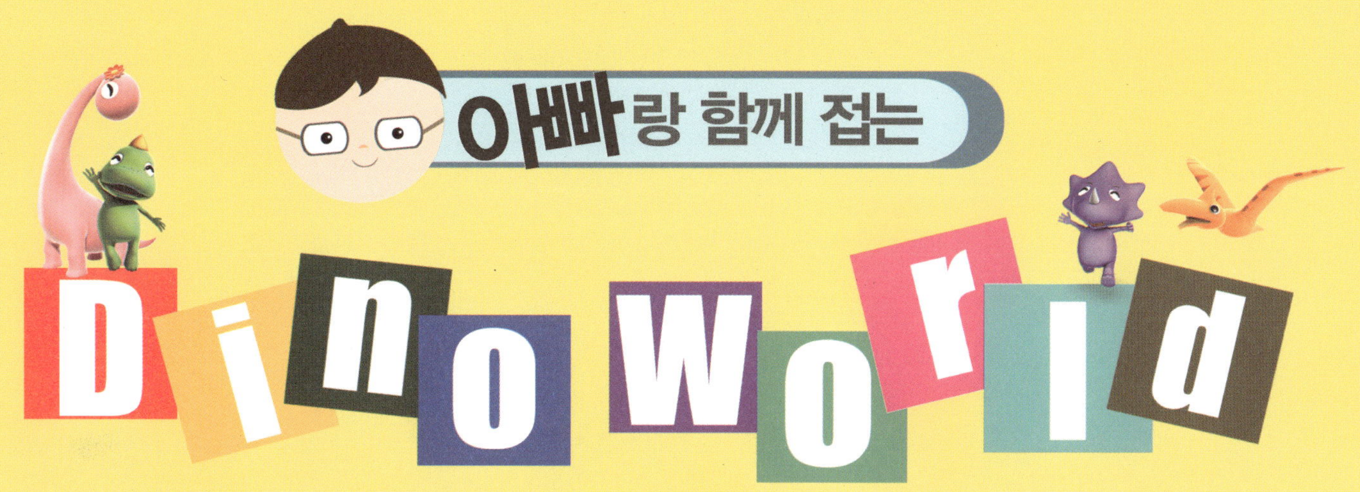

보고 접고 붙이는 하루 30분 두뇌 트레이닝

DINO
CONTENTS

아빠랑
공룡나라
만들어요

어흥~

Tyranosaurus
티라노사우루스

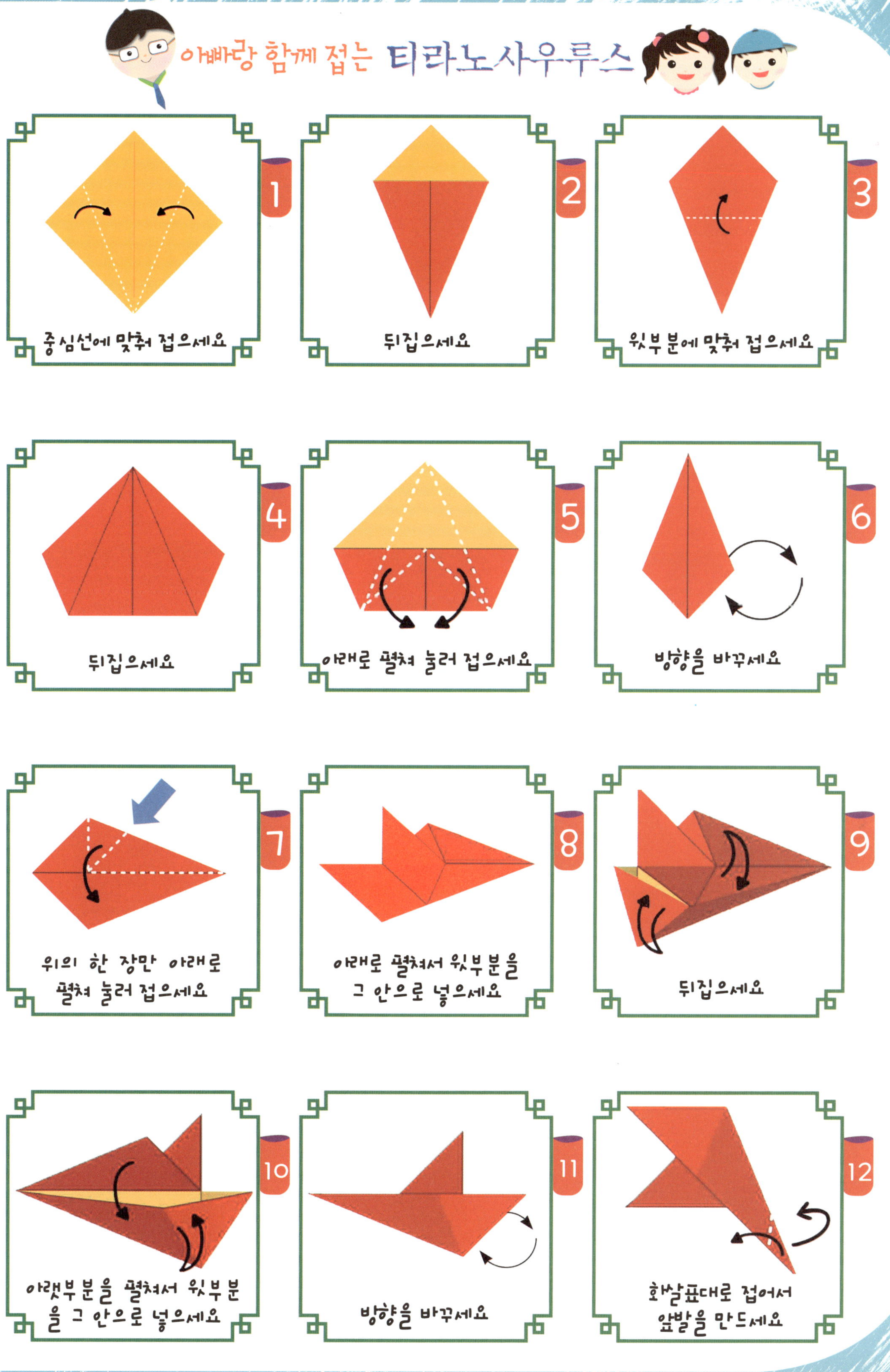
아빠랑 함께 접는 티라노사우루스
1 중심선에 맞춰 접으세요
2 뒤집으세요
3 윗부분에 맞춰 접으세요
4 뒤집으세요
5 아래로 펼쳐 눌러 접으세요
6 방향을 바꾸세요
7 위의 한 장만 아래로 펼쳐 눌러 접으세요
8 아래로 펼쳐서 윗부분을 그 안으로 넣으세요
9 뒤집으세요
10 아랫부분을 펼쳐서 윗부분을 그 안으로 넣으세요
11 방향을 바꾸세요
12 화살표대로 접어서 앞발을 만드세요

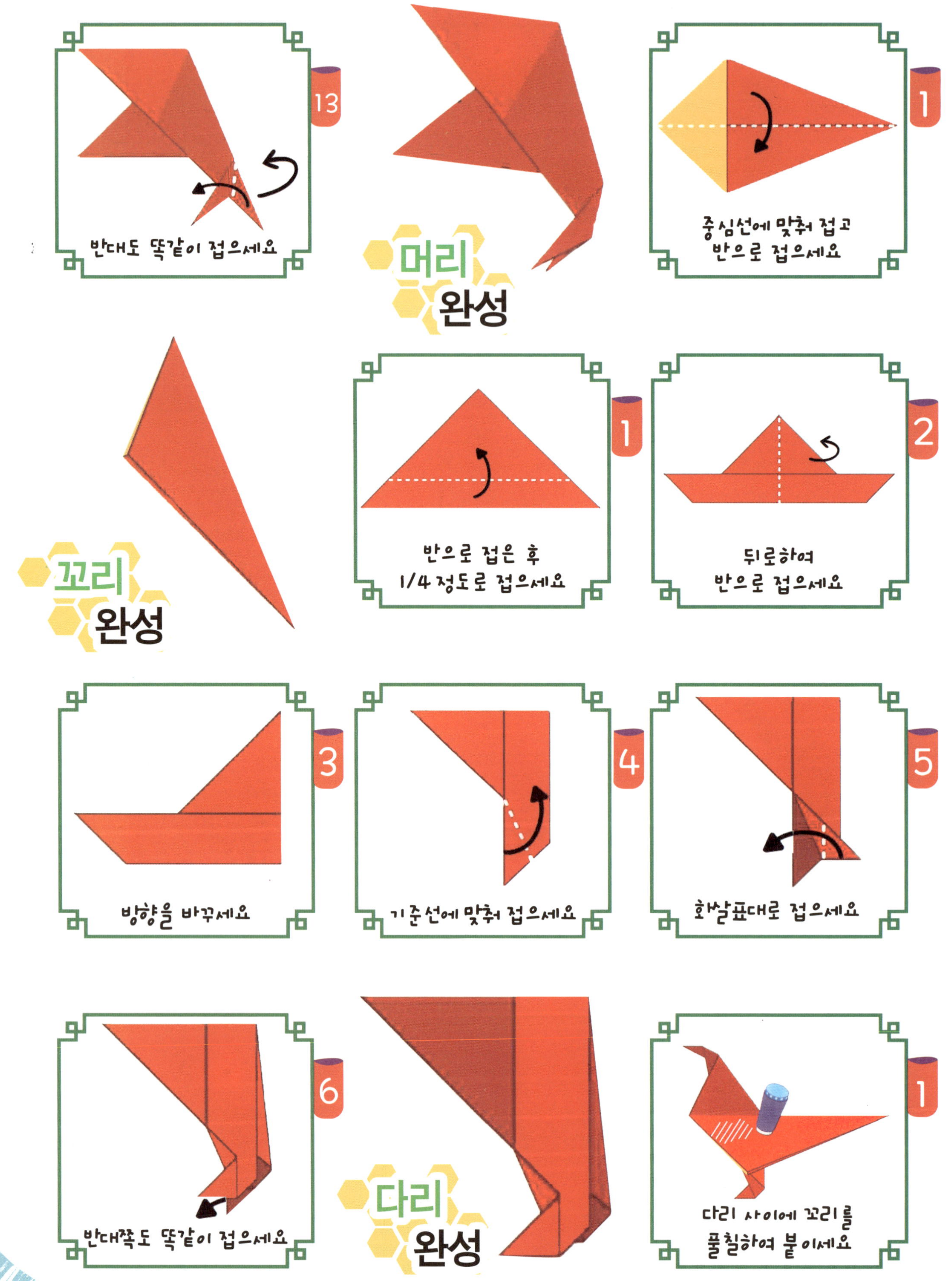
13
반대도 똑같이 접으세요
머리 완성
1
중심선에 맞춰 접고
반으로 접으세요
꼬리 완성
1
반으로 접은 후
1/4 정도로 접으세요
2
뒤로하여
반으로 접으세요
3
방향을 바꾸세요
4
기준선에 맞춰 접으세요
5
화살표대로 접으세요
6
반대쪽도 똑같이 접으세요
다리 완성
1
다리 사이에 꼬리를
풀칠하여 붙이세요

완성

알쭉달쭉 색종이로

멋지게 접은 공룡을 아래 배경에 붙여보세요

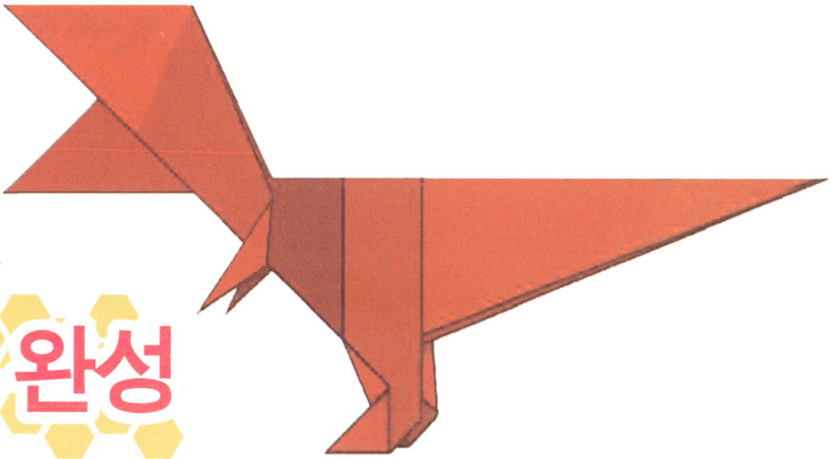

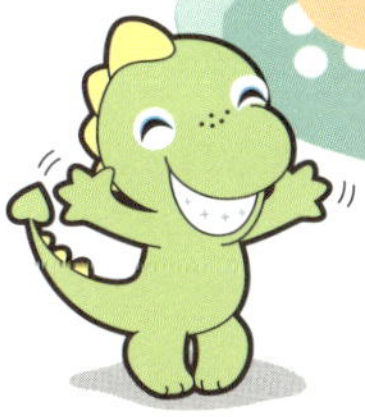

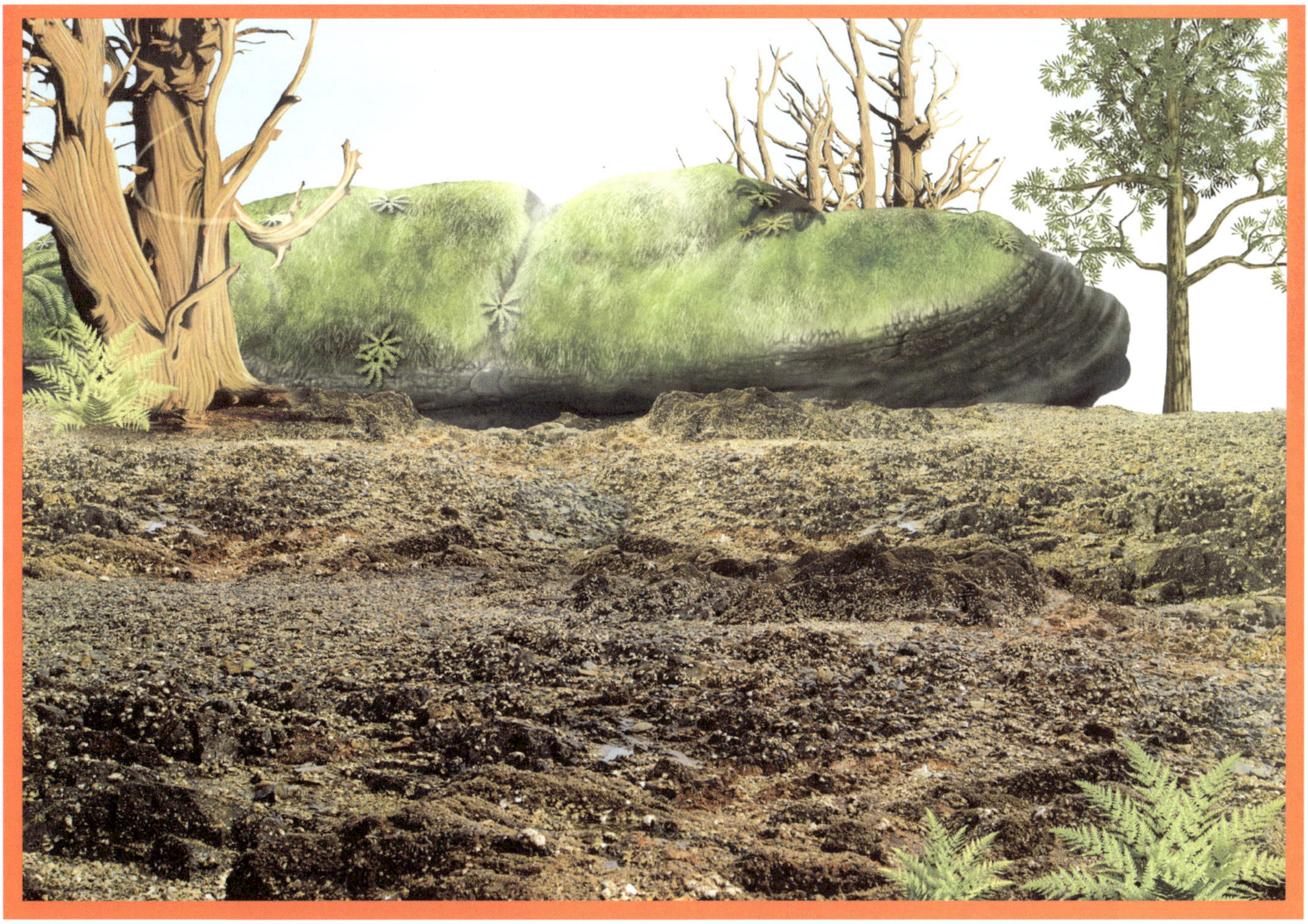

Brachiosaurus

브라키오사우루스

난이도 ★★

특징

거대한 몸을 유지하기 위해 하루에 2톤에 가까운 나뭇잎을 먹는 공룡이에요. 이 거대한 몸무게를 네 다리로 나누어 지탱하고 두꺼운 발바닥으로 충격을 흡수했어요. 큰 덩치에 비해 뇌는 작았으며 머리 꼭대기에는 콧구멍이 있어요.

식성 초식 **길이** 30m **무게** 70t

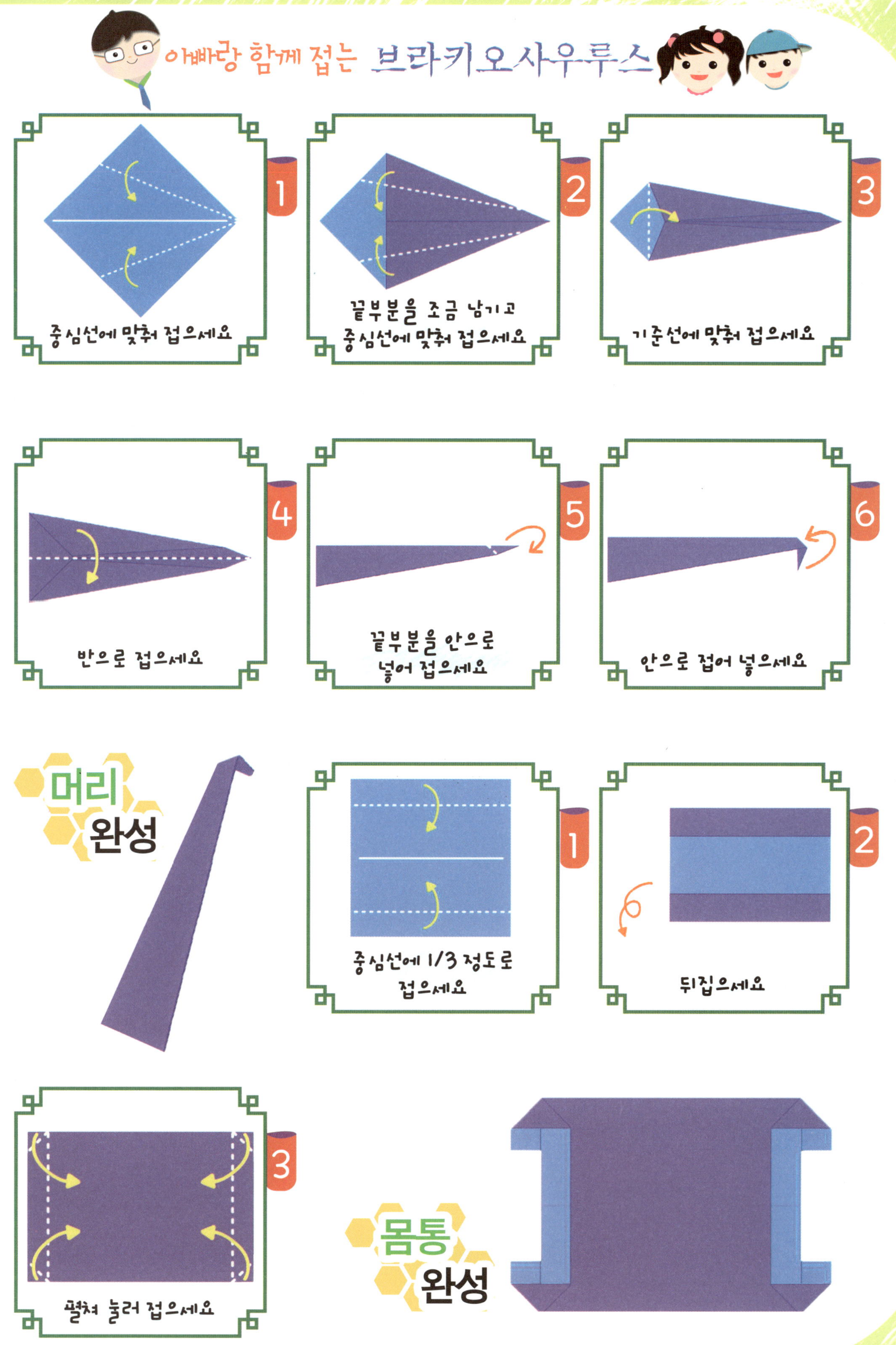

아빠랑 함께 접는 브라키오사우루스
중심선에 맞춰 접으세요
끝부분을 조금 남기고 중심선에 맞춰 접으세요
기준선에 맞춰 접으세요
반으로 접으세요
끝부분을 안으로 넣어 접으세요
안으로 접어 넣으세요
머리 완성
중심선에 1/3 정도로 접으세요
뒤집으세요
펼쳐 눌러 접으세요
몸통 완성

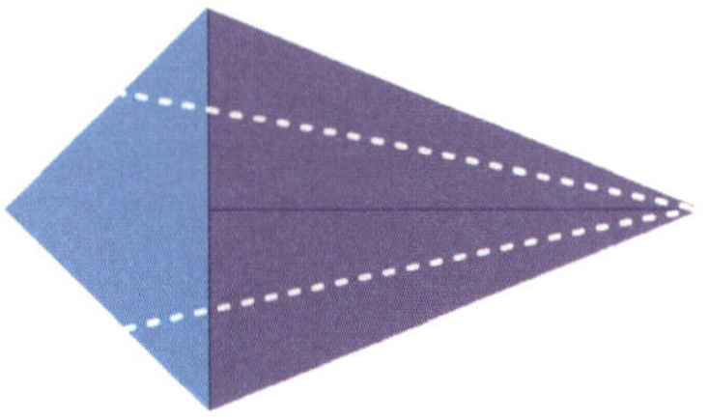

중심선에 맞춰 접으세요

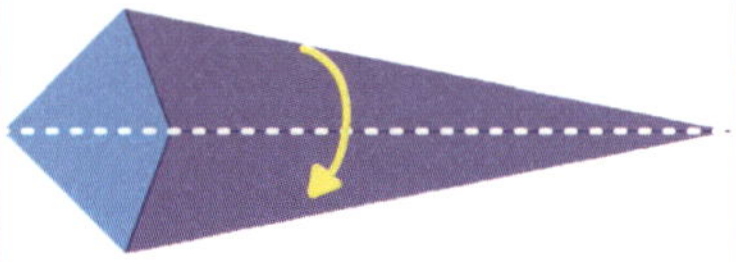

반으로 접으세요

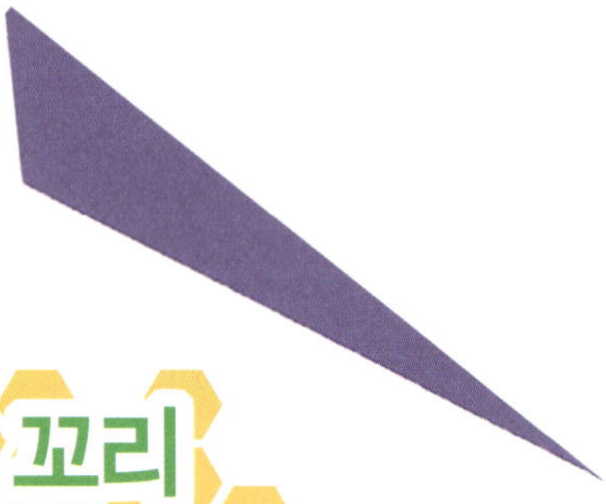

꼬리 **완성**

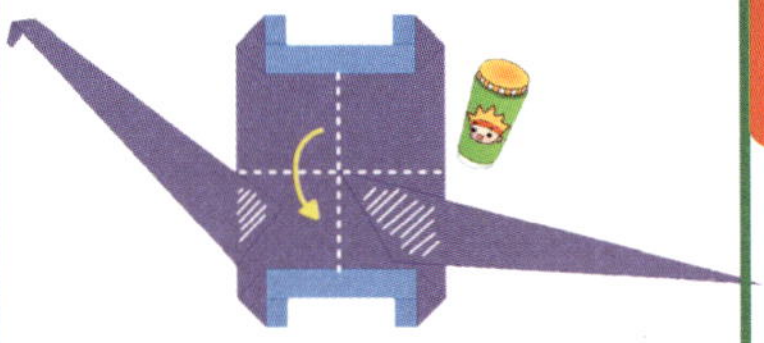

빗금친 부분의 앞뒤에 풀칠하여 붙인후 반으로 접으세요

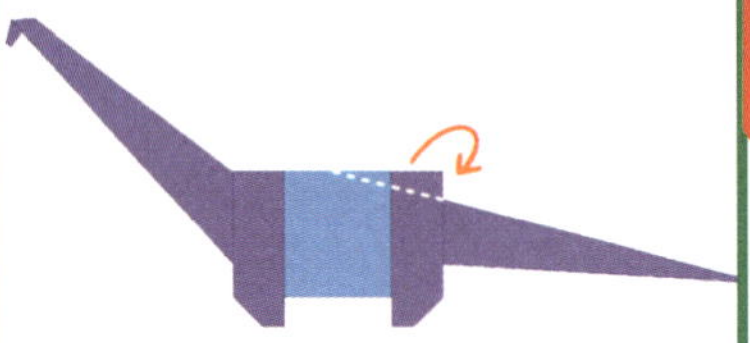

오른쪽 귀퉁이를 안으로 눌러 접어 엉덩이를 만드세요

완성

멋지게 접은 공룡을 아래 배경에 붙여보세요

쥐라기 후기

Stegosaurus

스테고사우루스

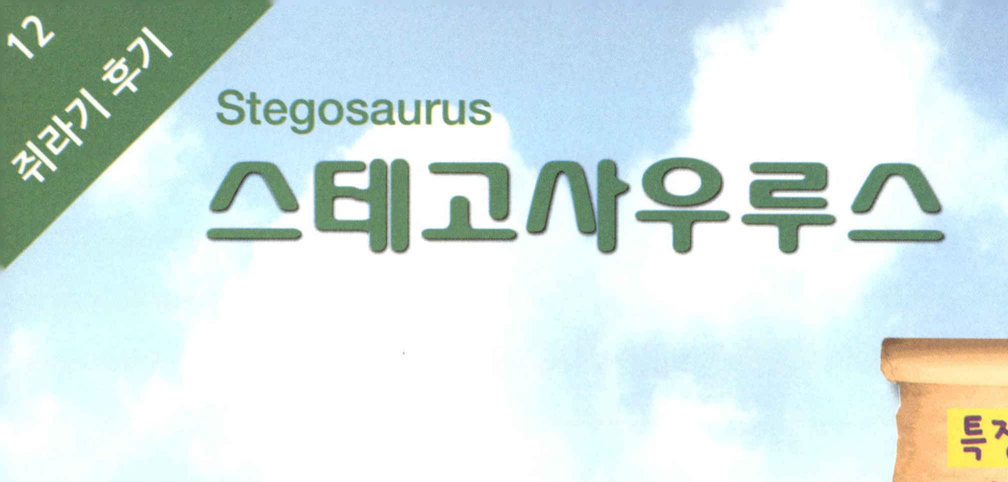

난이도 ★★★★

특징

냄새를 잘 맡고 입에는 이빨이 없어 풀, 나뭇잎 등을 먹는 공룡이에요. 목 밑은 단단한 비닐 모양의 각질로 보호되어 있고 등쪽에 많은 핏줄이 있어 몸의 온도를 조절하는 기능을 했어요. 배 속에는 위석이 있어 이빨 대신 먹은 식물을 소화시키는 역할을 했어요.

식성 초식   **길이** 9m   **무게** 6t

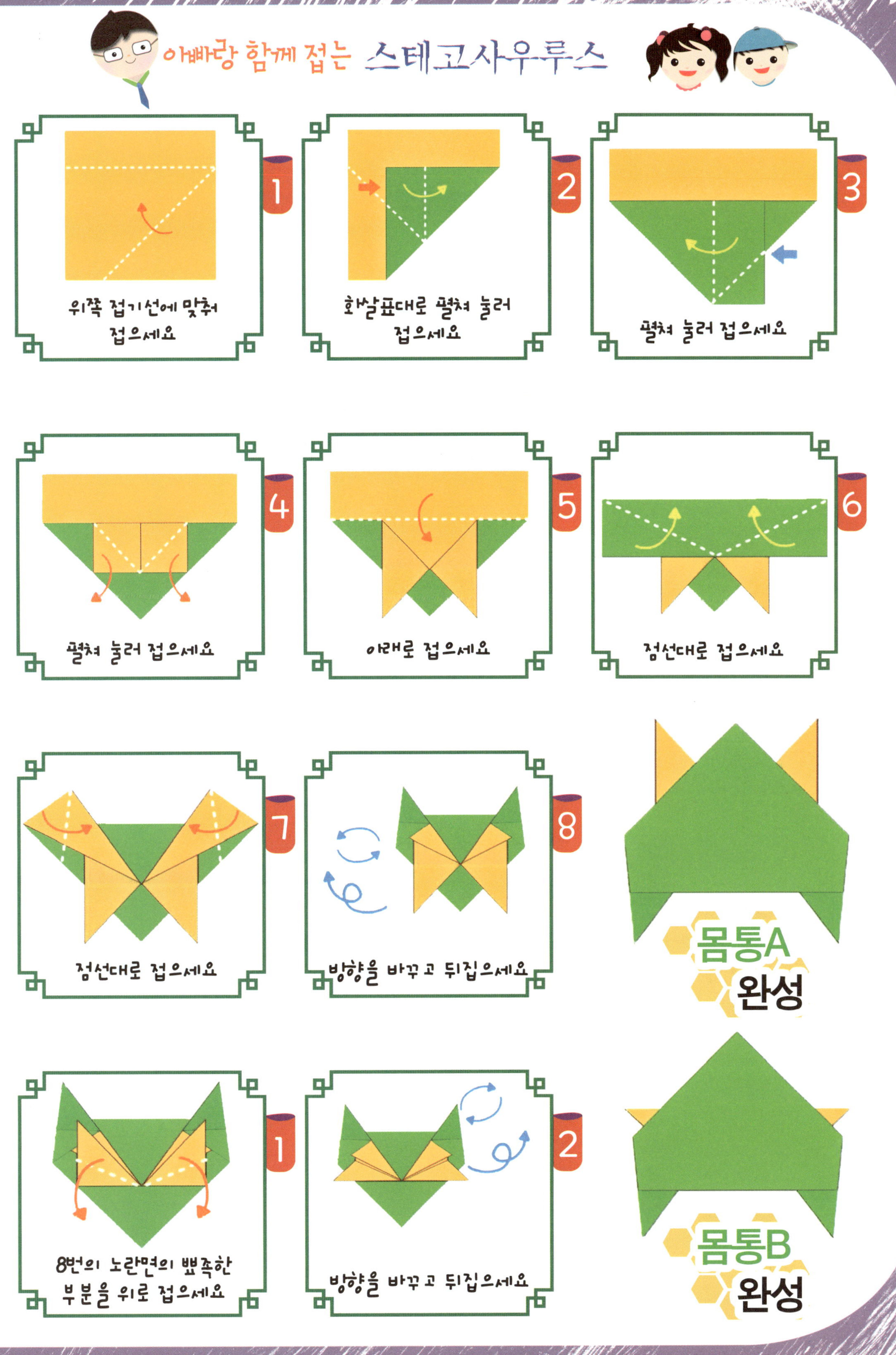

아빠랑 함께 접는 스테고사우루스
1
위쪽 접기선에 맞춰 접으세요
2
화살표대로 펼쳐 눌러 접으세요
3
펼쳐 눌러 접으세요
4
펼쳐 눌러 접으세요
5
아래로 접으세요
6
점선대로 접으세요
7
점선대로 접으세요
8
방향을 바꾸고 뒤집으세요
몸통A 완성
1
8번의 노란면의 뾰족한 부분을 위로 접으세요
2
방향을 바꾸고 뒤집으세요
몸통B 완성

1
중심선에 맞춰 접으세요
2
기준선에 맞춰 접으세요
3
반으로 접으세요
머리&꼬리 완성
1
몸통 B에 풀칠하고 머리와 꼬리를 붙이고 다시풀칠하고 몸통A를 붙이세요
2
안으로 넣어 접으세요
3
또 한번 안으로 넣어 접으세요
완성

얼룩달룩 색종이로
멋지게 접은 공룡을 아래 배경에 붙여보세요

Triceratops

트리케라톱스

특징

뿔이 있는 공룡 가운데 가장 큰 공룡인 트리케라톱스예요. 2m가 넘는 뿔은 육식 공룡의 공격을 막기도 했고 암컷을 차지하기 위해 수컷끼리 싸울 때 사용했어요. 이빨은 없지만 날카롭고 구부러진 부리가 있어 단단한 먹이도 잘 자를 수 있었어요.

식성 초식　**길이** 10m　**무게** 10t

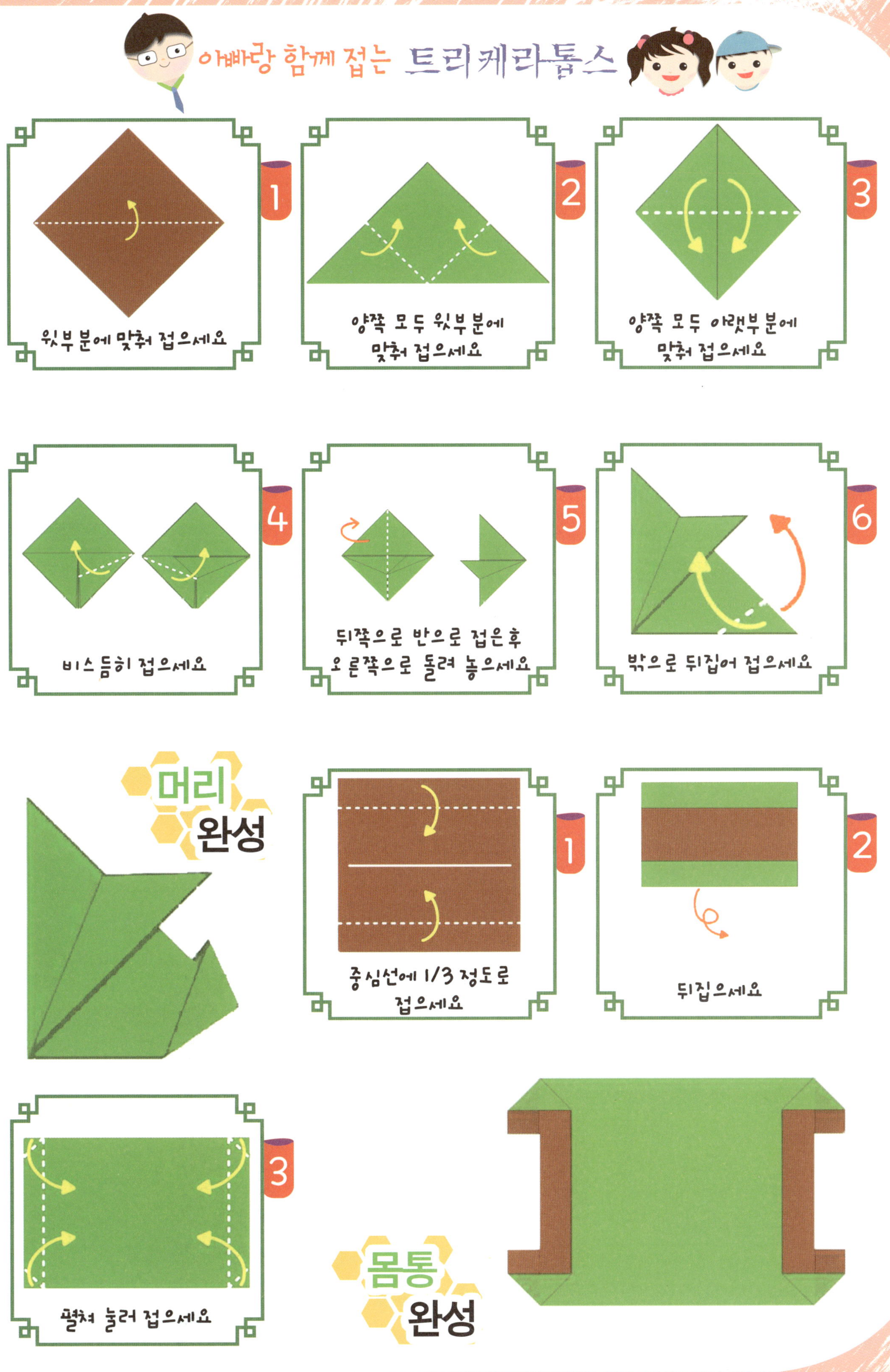
아빠랑 함께 접는 트리케라톱스
1
윗부분에 맞춰 접으세요
2
양쪽 모두 윗부분에 맞춰 접으세요
3
양쪽 모두 아랫부분에 맞춰 접으세요
4
비스듬히 접으세요
5
뒤쪽으로 반으로 접은 후 오른쪽으로 돌려 놓으세요
6
밖으로 뒤집어 접으세요
머리 완성
1
중심선에 1/3 정도로 접으세요
2
뒤집으세요
3
펼쳐 눌러 접으세요
몸통 완성

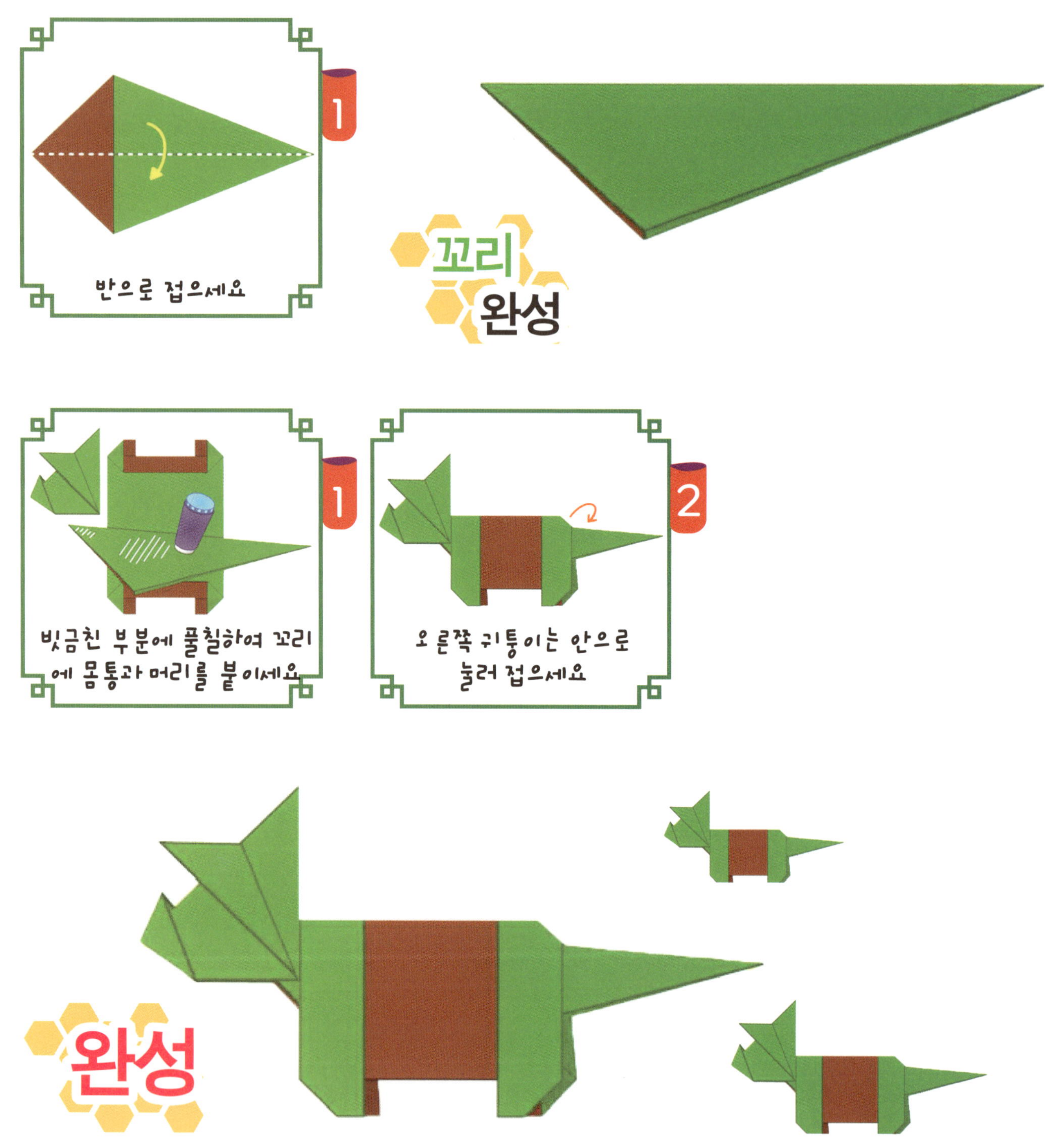
1
반으로 접으세요
꼬리 완성
1
빗금친 부분에 풀칠하여 꼬리
에 몸통과 머리를 붙이세요
2
오른쪽 귀퉁이는 안으로
눌러 접으세요
완성

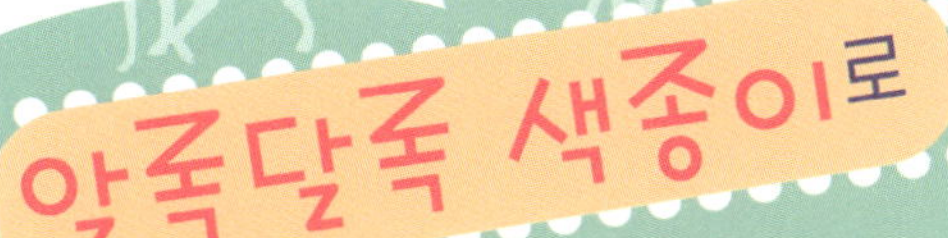
알쭉달쭉 색종이로

멋지게 접은 공룡을 아래 배경에 붙여보세요

Pteranodon

프테라노돈

아빠랑 함께 접는 프테라노돈
중심선에 맞춰 접은 후 뒤집으세요
윗부분에 맞춰 접은 후 뒤집으세요
아래로 펼쳐 눌러접으세요
기준선에 맞춰 접으세요
중심선에 맞춰 접으세요
뒤로 접고 방향을 돌리세요
위로 잡아 당기세요
머리&몸 완성
중심선에 맞춰 접으세요
윗부분을 모두 펼치세요
3등분 되는 기준선에 맞춰 아래로 접으세요

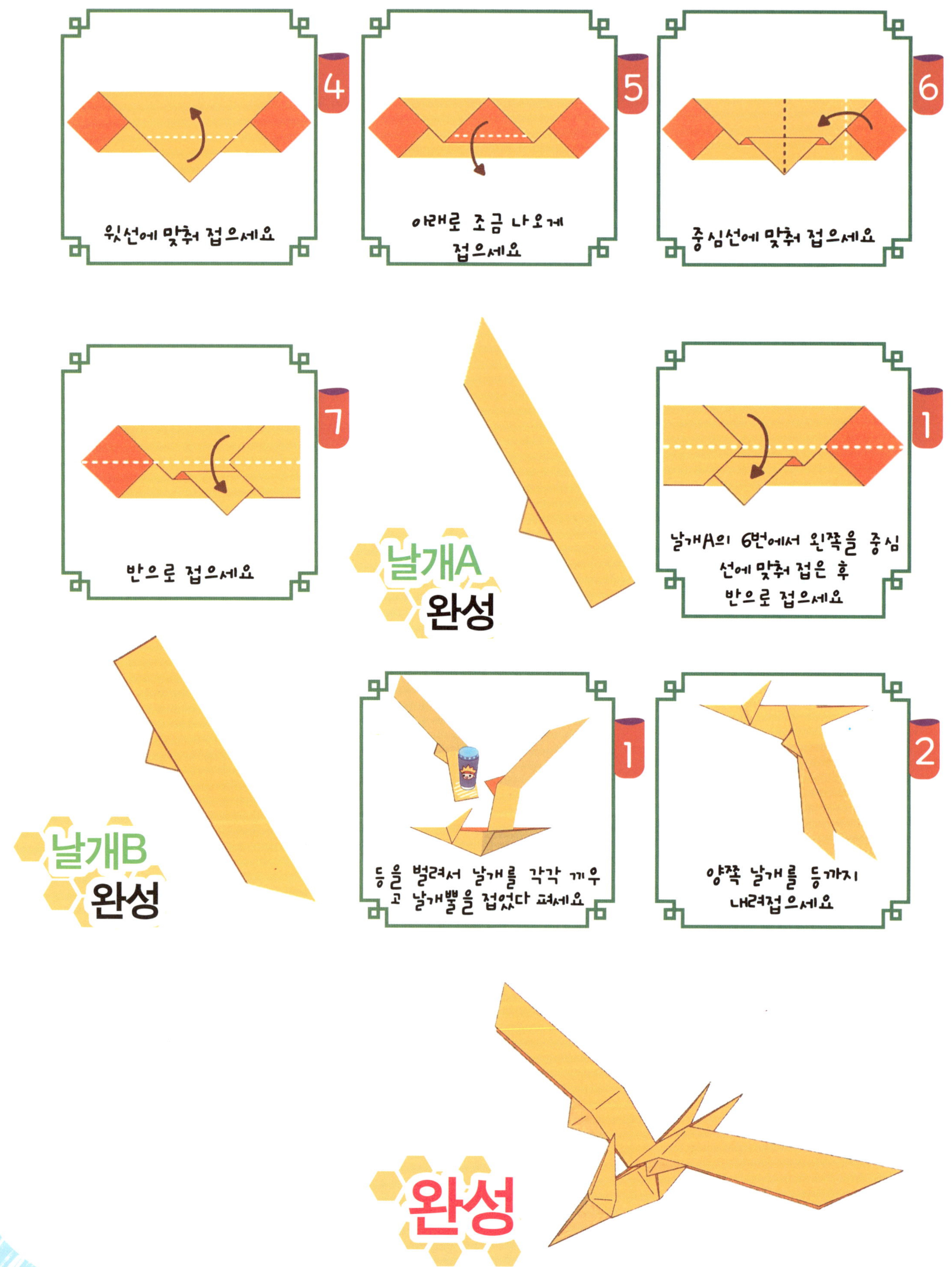
4
윗선에 맞춰 접으세요
5
아래로 조금 나오게 접으세요
6
중심선에 맞춰 접으세요
7
반으로 접으세요
날개A 완성
1
날개A의 6번에서 왼쪽을 중심선에 맞춰 접은 후 반으로 접으세요
날개B 완성
1
등을 벌려서 날개를 각각 끼우고 날개뿔을 접었다 펴세요
2
양쪽 날개를 등까지 내려접으세요
완성

알쏙달쏙 색종이로
멋지게 접은 공룡을 아래 배경에 붙여보세요

24
백악기 전기
Baryonyx

바리오닉스

난이도 ★★

특징

바리오닉스는 발견 당시 위 안에서 물고기의 비늘과 이빨이 나왔어요. 그래서 물가에 살며 주로 물고기를 잡아먹었을 거라고 추측해요. 물고기 잡기에 좋은 체형과 엄지발톱이 30㎝나 돼 아마도 물고기를 잘 잡았을 거예요.

식성 육식   길이 9m   무게 2t

아빠랑 함께 접는 바리오닉스
1
중심선에 맞춰 접으세요
2
기준선에 맞춰 뒤로 접으세요
3
아래로 펼쳐 눌러 접으세요
4
중심선에 맞춰 안으로 접으세요
5
왼쪽을 뒤로 반을 접으세요
6
윗부분을 눌러 접으세요
7
머리 한장을 위쪽으로 잡아당기세요
8
아랫부분을 안으로 눌러 접으세요
9
앞발을 꺾어 접은 후 반대 쪽도 똑같이 접으세요
머리&앞발 완성
1
중심선에 맞춰 접은 후 서로 다르게 다시 한번 더 접으세요
2
위를 아래로 반을 접으세요

왼쪽을 오른쪽으로
반을 접으세요

안으로 꺾어 접어 평평한
발을 만드세요

반대쪽도 똑같이 접으세요

왼쪽으로 조금 돌려
세우세요

다리
완성

중심선에 맞춰 접은 후 기준선
에 맞춰 한번 더 접으세요

기준선에 맞춰 접으세요

위를 아래로 반을 접으세요

꼬리
완성

몸통 앞부분과 다리 사이에
풀칠을 하여 붙이세요

완성

알쏙달쏙 색종이로
멋지게 접은 공룡을 아래 배경에 붙여보세요

백악기 전기

Spinosaurus

스피노사우루스

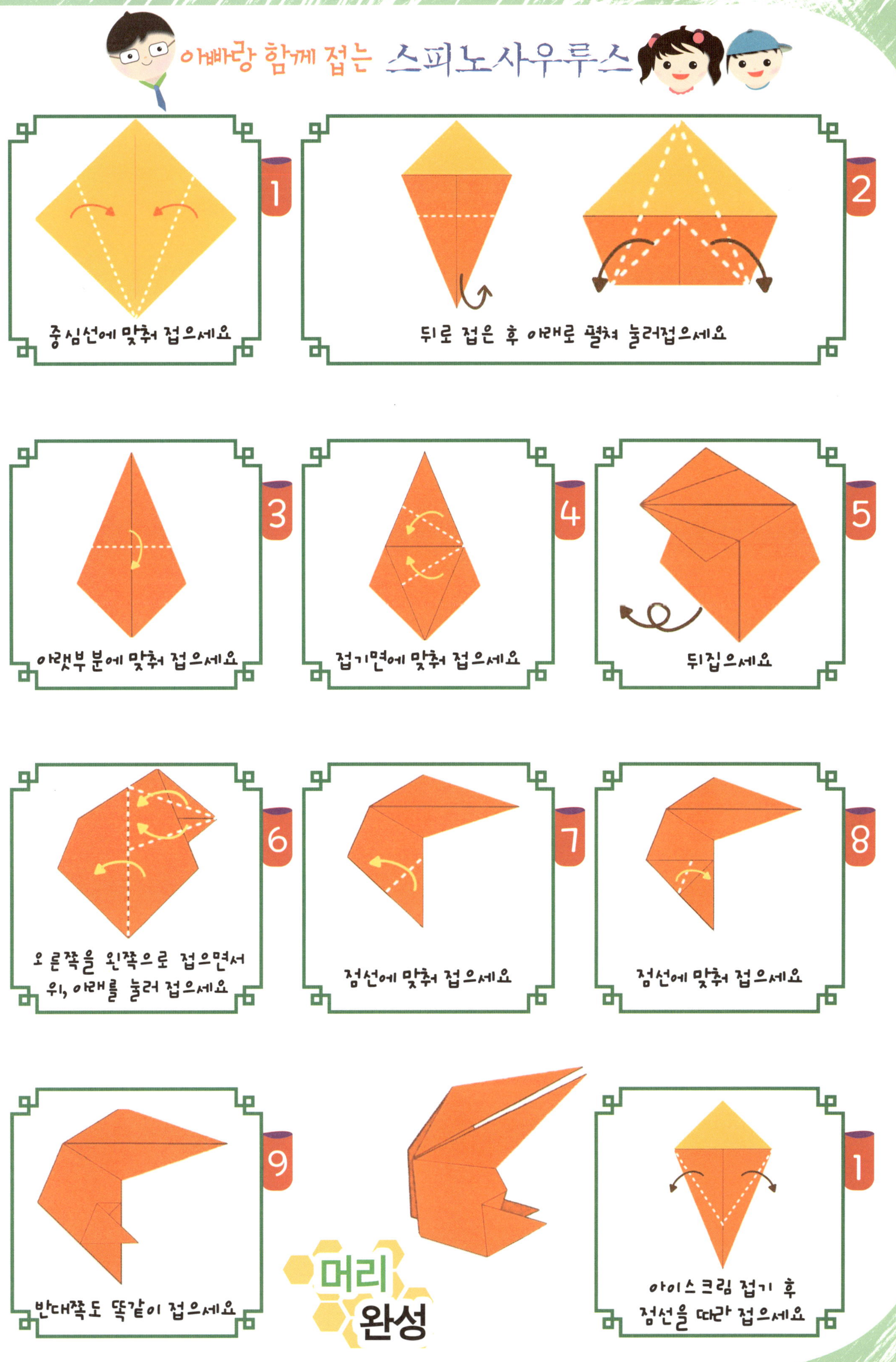

아빠랑 함께 접는 스피노사우루스
1 중심선에 맞춰 접으세요
2 뒤로 접은 후 아래로 펼쳐 눌러접으세요
3 아랫부분에 맞춰 접으세요
4 접기면에 맞춰 접으세요
5 뒤집으세요
6 오른쪽을 왼쪽으로 접으면서 위, 아래를 눌러 접으세요
7 점선에 맞춰 접으세요
8 점선에 맞춰 접으세요
9 반대쪽도 똑같이 접으세요
머리 완성
1 아이스크림 접기 후 점선을 따라 접으세요

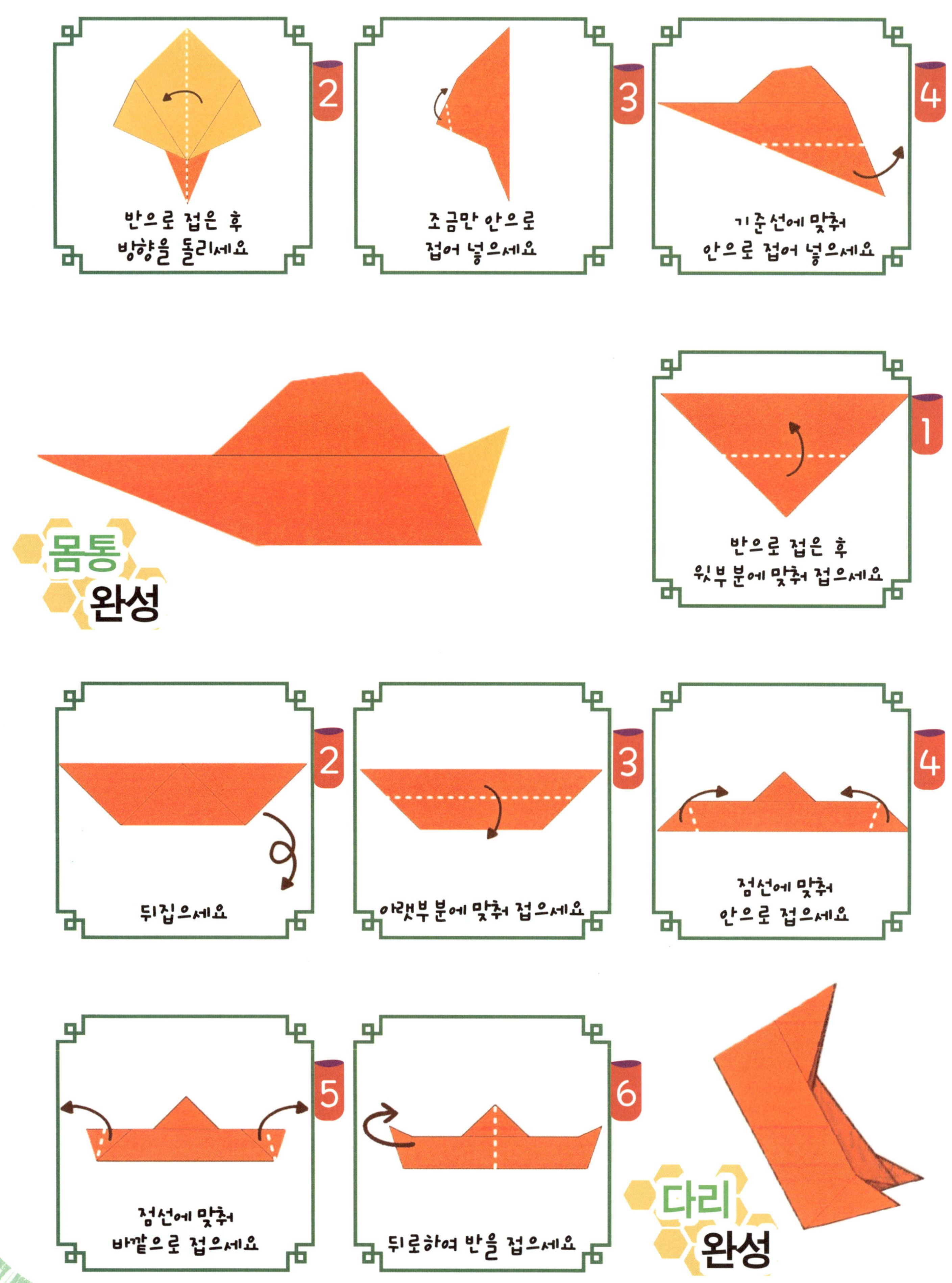

2
반으로 접은 후
방향을 돌리세요

3
조금만 안으로
접어 넣으세요

4
기준선에 맞춰
안으로 접어 넣으세요

몸통
완성

1
반으로 접은 후
윗부분에 맞춰 접으세요

2
뒤집으세요

3
아랫부분에 맞춰 접으세요

4
점선에 맞춰
안으로 접으세요

5
점선에 맞춰
바깥으로 접으세요

6
뒤로하여 반을 접으세요

다리
완성

1

몸통은 오른쪽 끝에 풀칠하고
머리 안쪽을 끼워 넣은 후
다리는 위쪽에 풀칠하고
몸통 안쪽을 끼워넣으세요

완성

알록달록 색종이로

멋지게 접은 공룡을 아래 배경에 붙여보세요

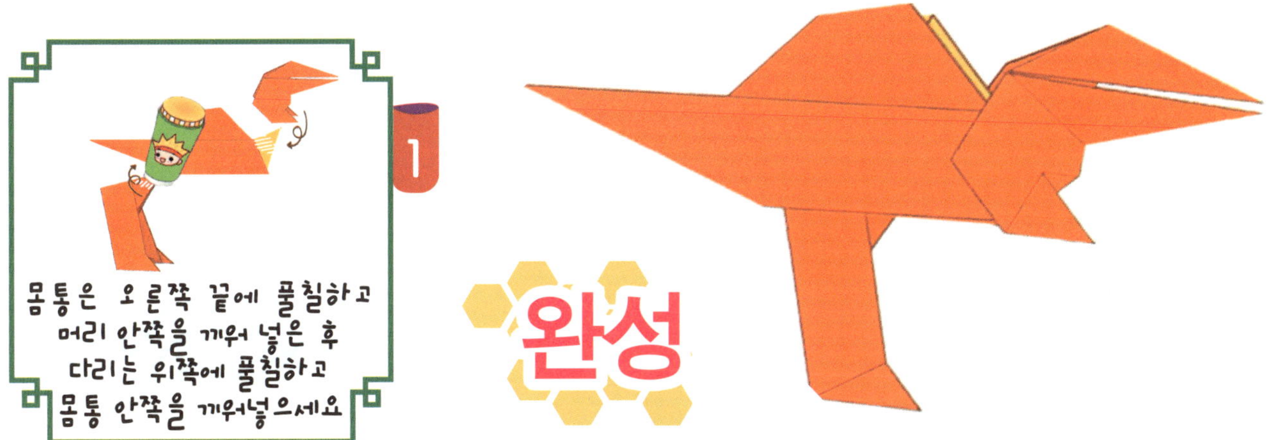

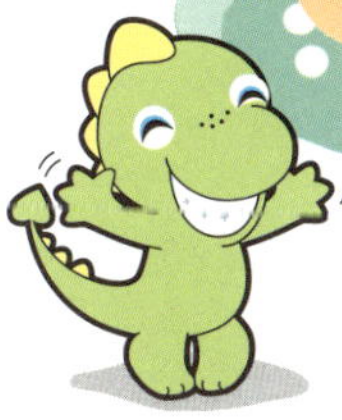

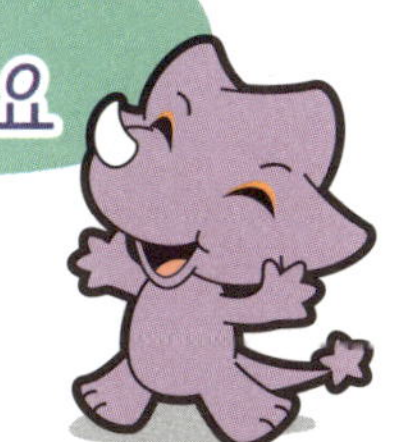

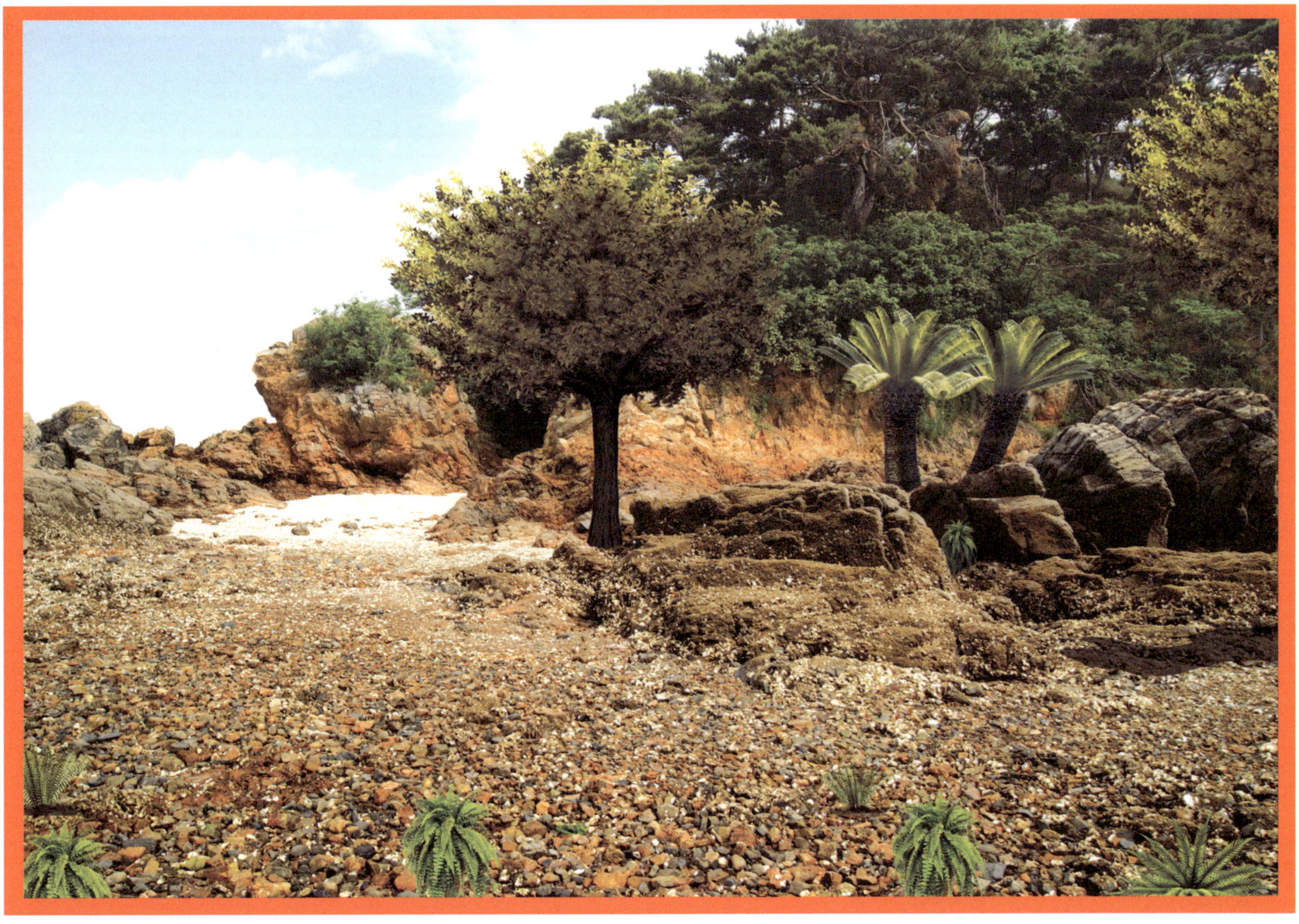

Parasaurolophus

파라사우롤로푸스

난이도 ★★★★

특징

머리에 2m나 되는 긴 볏이 있는 공룡이에요. 이 볏은 속이 비어 있고 콧구멍까지 연결되어 있어 물속에서 산소통 역할을 하거나 울림통 역할을 하여 소리를 내는 데 사용했어요. 입은 오리주둥이처럼 넓적하고 네 발로 걸으며 빠르게 뛸 수도 있어요.

식성 초식　**길이** 12m　**무게** 7t

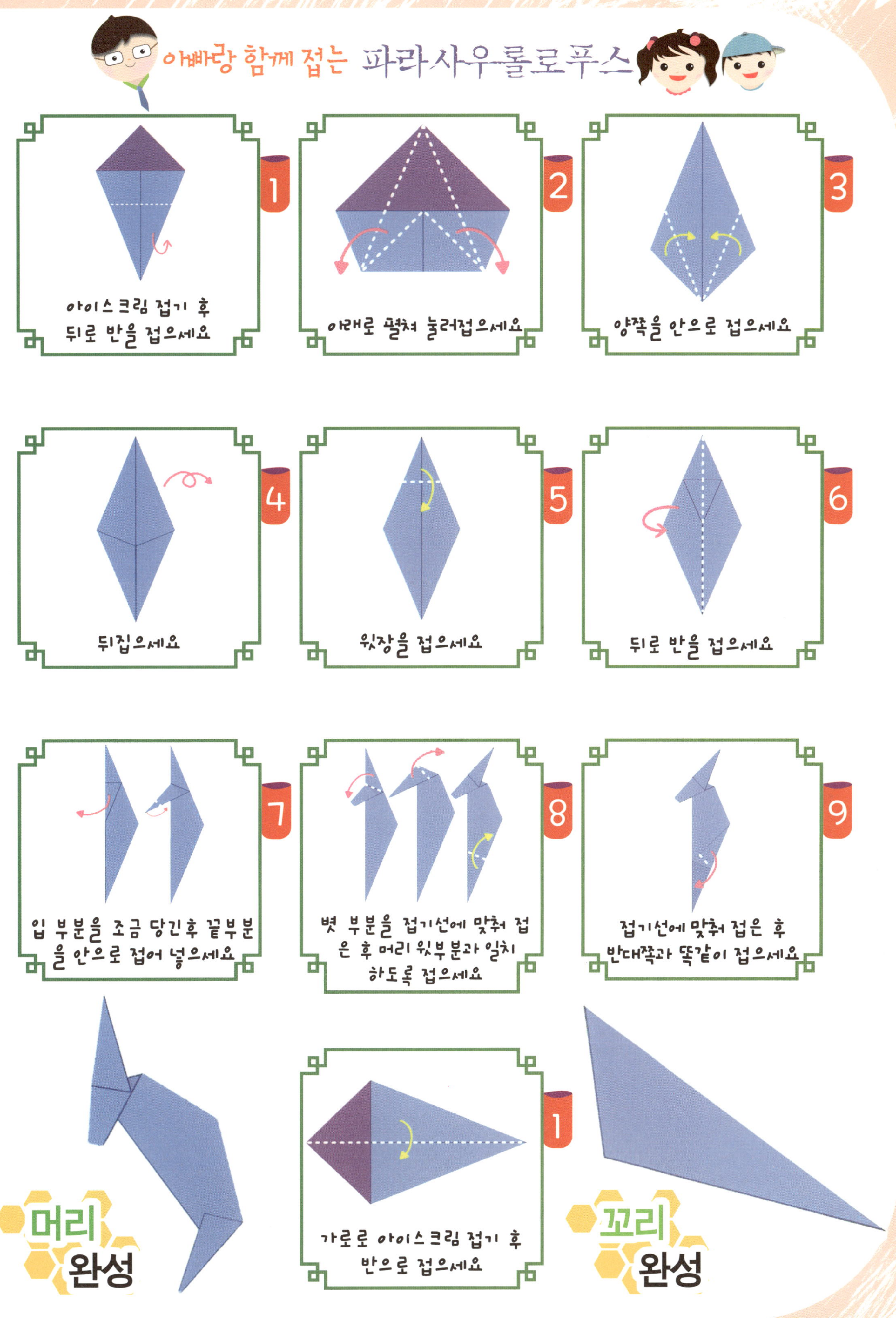

아빠랑 함께 접는 파라사우롤로푸스

1
아이스크림 접기 후
뒤로 반을 접으세요

2
아래로 펼쳐 눌러접으세요

3
양쪽을 안으로 접으세요

4
뒤집으세요

5
윗장을 접으세요

6
뒤로 반을 접으세요

7
입 부분을 조금 당긴후 끝부분
을 안으로 접어 넣으세요

8
볏 부분을 접기선에 맞춰 접
은 후 머리 윗부분과 일치
하도록 접으세요

9
접기선에 맞춰 접은 후
반대쪽과 똑같이 접으세요

머리
완성

1
가로로 아이스크림 접기 후
반으로 접으세요

꼬리
완성

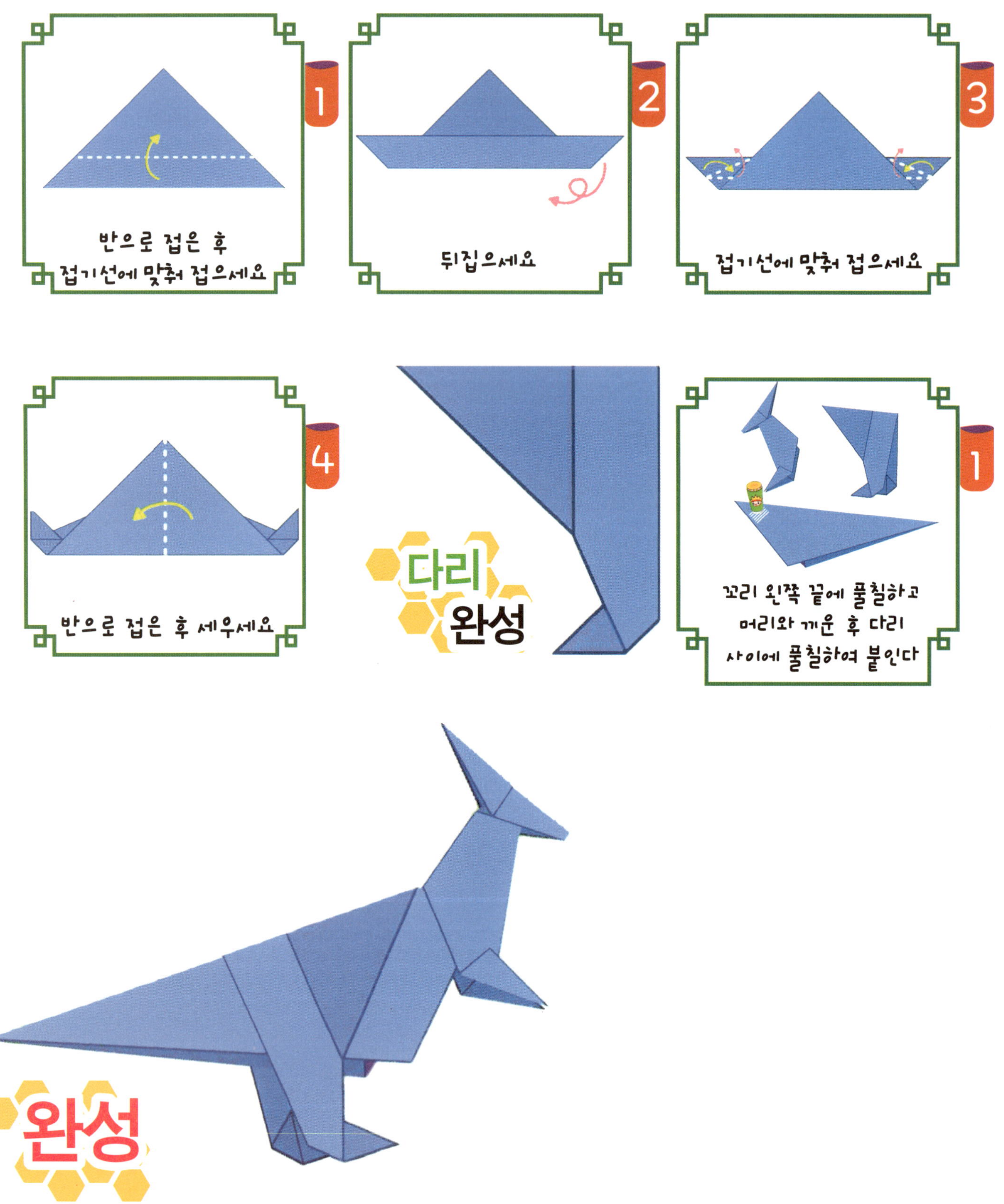
1
반으로 접은 후
접기선에 맞춰 접으세요
2
뒤집으세요
3
접기선에 맞춰 접으세요
4
반으로 접은 후 세우세요
다리
완성
1
꼬리 왼쪽 끝에 풀칠하고
머리와 꺼운 후 다리
사이에 풀칠하여 붙인다
완성

알쏙달쏙 색종이로
멋지게 접은 공룡을 아래 배경에 붙여보세요

Styracosaurus

스티라코사우루스

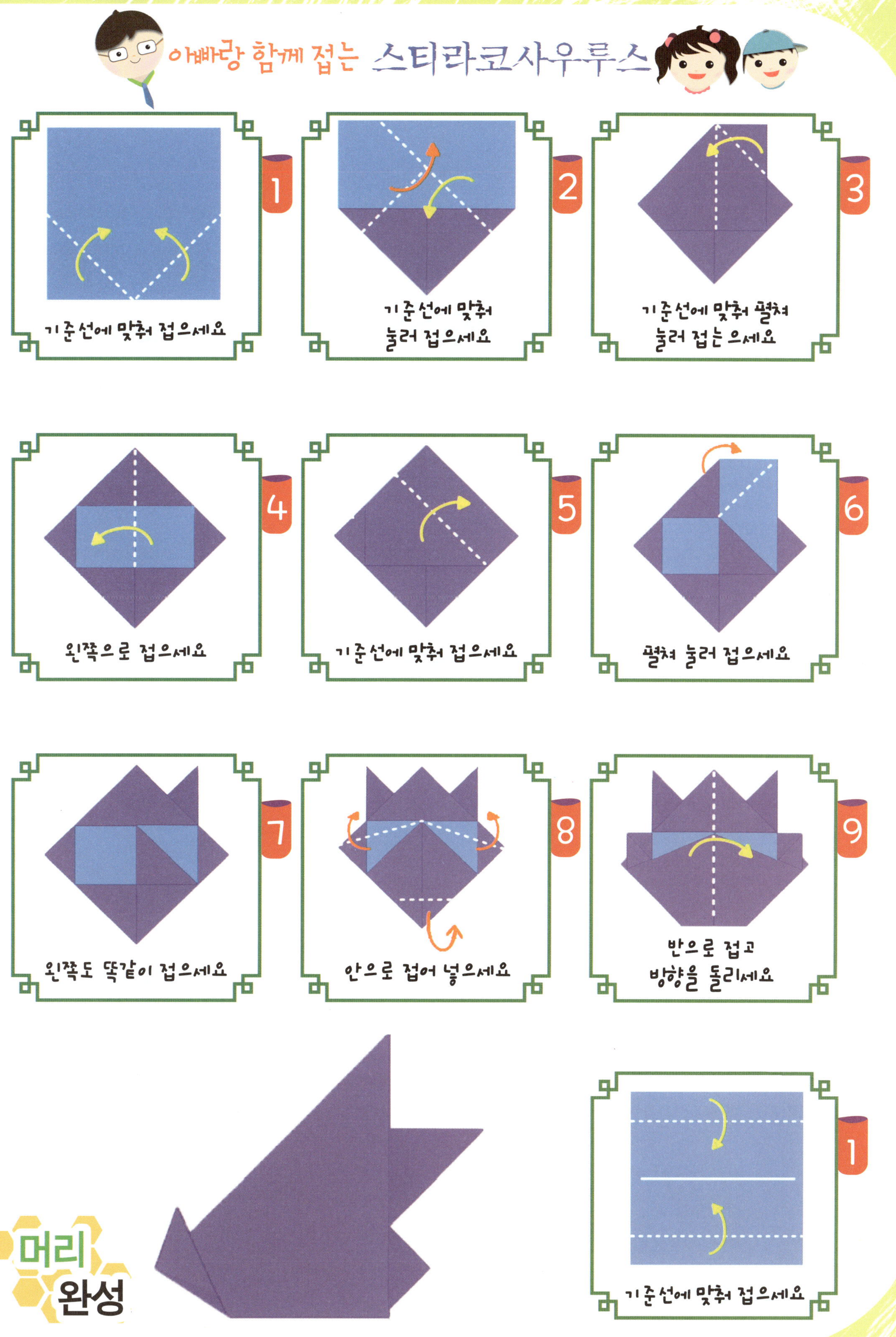

아빠랑 함께 접는 스티라코사우루스
1
기준선에 맞춰 접으세요
2
기준선에 맞춰 눌러 접으세요
3
기준선에 맞춰 펼쳐 눌러 접는 으세요
4
왼쪽으로 접으세요
5
기준선에 맞춰 접으세요
6
펼쳐 눌러 접으세요
7
왼쪽도 똑같이 접으세요
8
안으로 접어 넣으세요
9
반으로 접고 방향을 돌리세요
머리 완성
1
기준선에 맞춰 접으세요

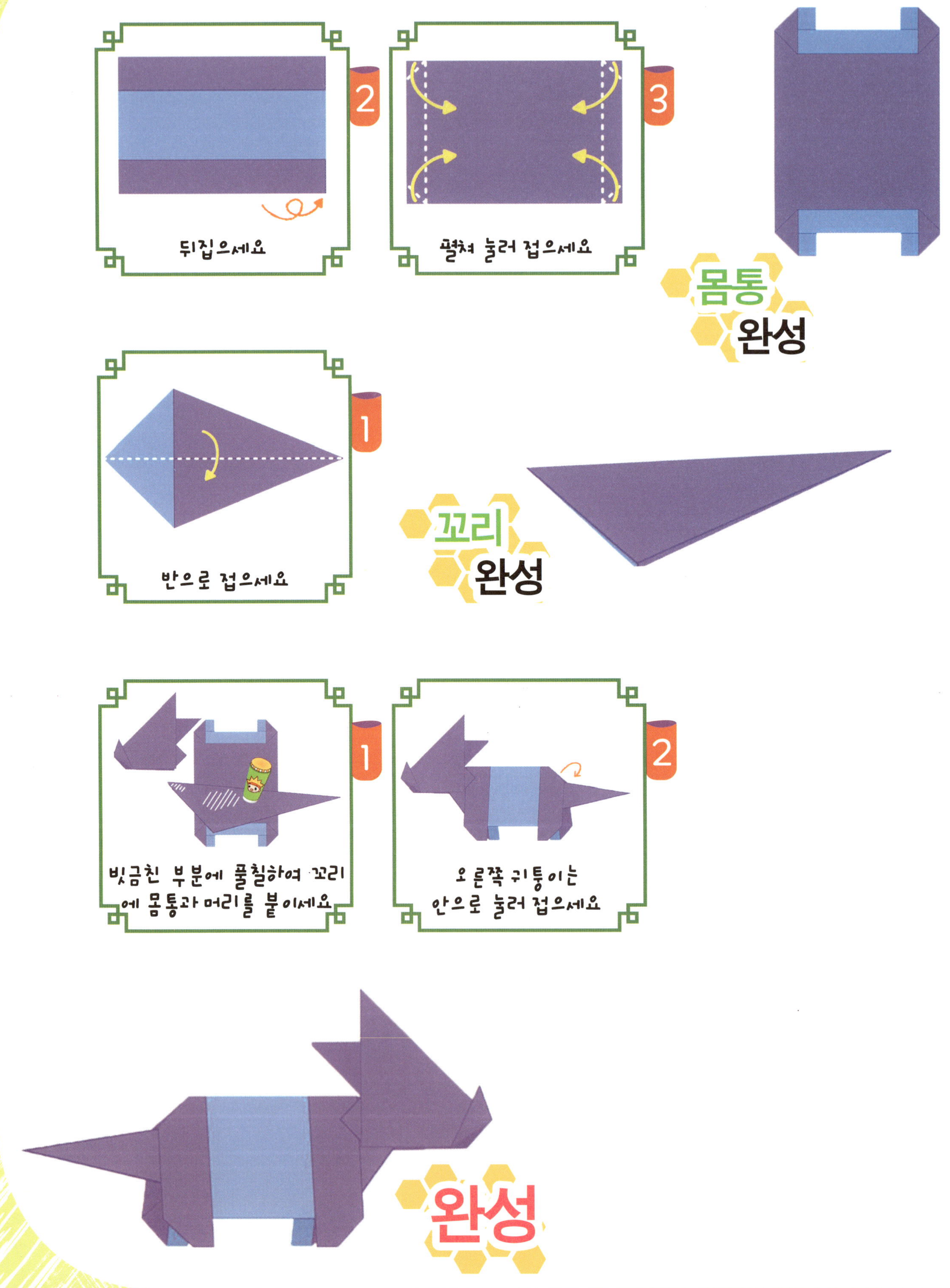
2
뒤집으세요
3
펼쳐 눌러 접으세요
몸통 완성
1
반으로 접으세요
꼬리 완성
1
빗금친 부분에 풀칠하여 꼬리
에 몸통과 머리를 붙이세요
2
오른쪽 귀퉁이는
안으로 눌러 접으세요
완성

알쭉달쭉 색종이로
멋지게 접은 공룡을 아래 배경에 붙여보세요

Rhamphorhynchus

람포린쿠스

난이도 ★★★★

특징

 턱이 길고, 물고기를 잡아먹기 편한 이빨이 있어요. 꼬리 끝에 가늘고 긴 마름모꼴 날개가 붙어 있어 방향을 잡는데 사용했어요. 새끼를 키우기 위해 주로 바닷가 주변 절벽에 둥지를 만들었어요.

식성 육식 **길이** 1.8m **무게** 10kg
(날개를 편 길이)

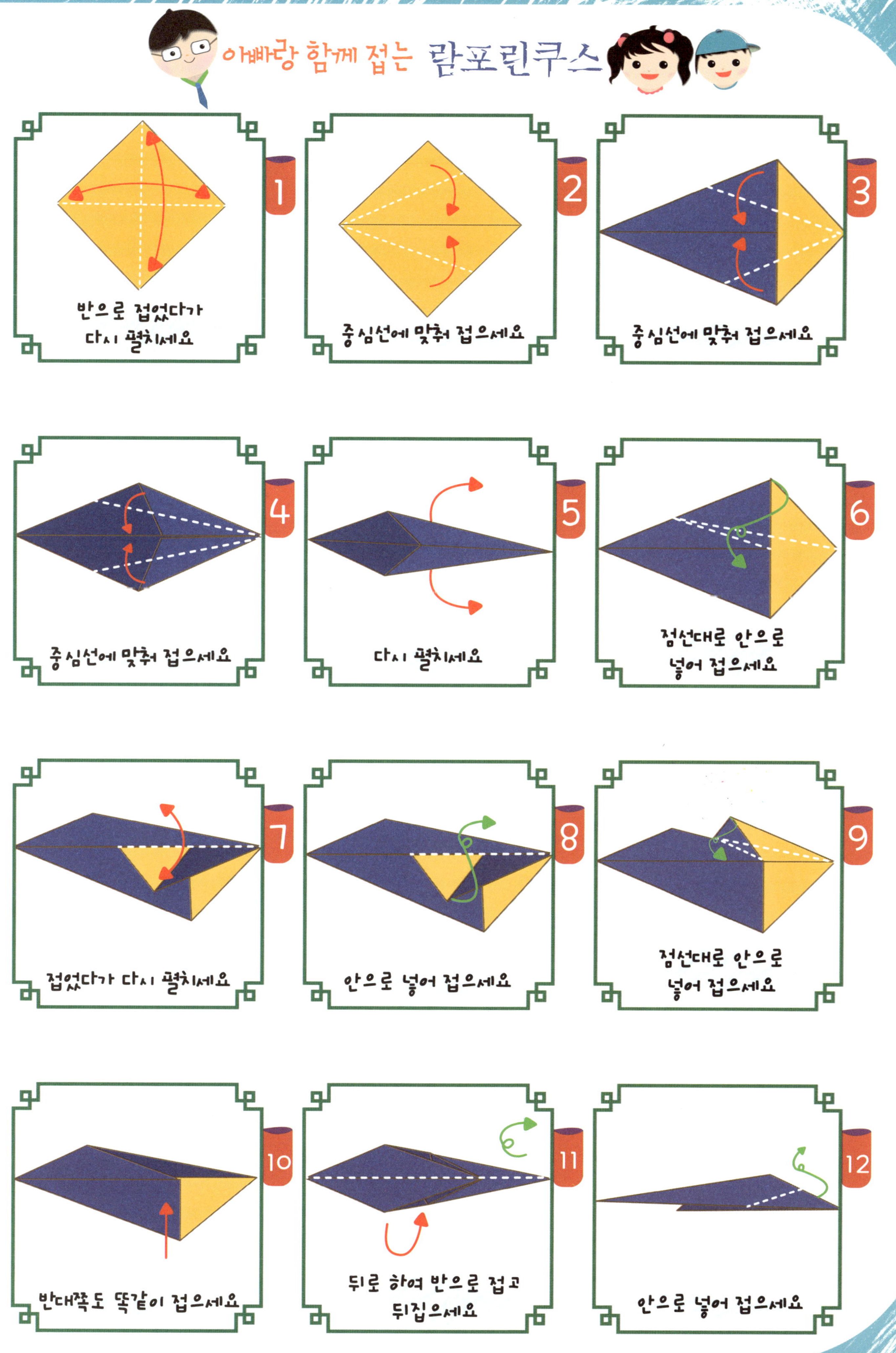
아빠랑 함께 접는 람포린쿠스

1
반으로 접었다가
다시 펼치세요

2
중심선에 맞춰 접으세요

3
중심선에 맞춰 접으세요

4
중심선에 맞춰 접으세요

5
다시 펼치세요

6
점선대로 안으로
넣어 접으세요

7
접었다가 다시 펼치세요

8
안으로 넣어 접으세요

9
점선대로 안으로
넣어 접으세요

10
반대쪽도 똑같이 접으세요

11
뒤로 하여 반으로 접고
뒤집으세요

12
안으로 넣어 접으세요

13
끝 부분을 안으로
넣어 접으세요

몸 완성

1
중심선에 맞춰 접으세요, 반
대쪽은 오른쪽을 접으세요

2
접었다가 다시 펼치세요

3
잡아당겨 펼쳐 눌러
접으세요

4
화살표대로 접으세요

5
뒤로하여
반으로 접으세요

6
뒤의 종이를 위로 접으세요

7
접었다가 다시 펼치세요

8
반대쪽으로 하나를
더 만드세요

날개 완성

1
먼저 날개 2개를 뒤집은
상태에서 서로 붙이세요

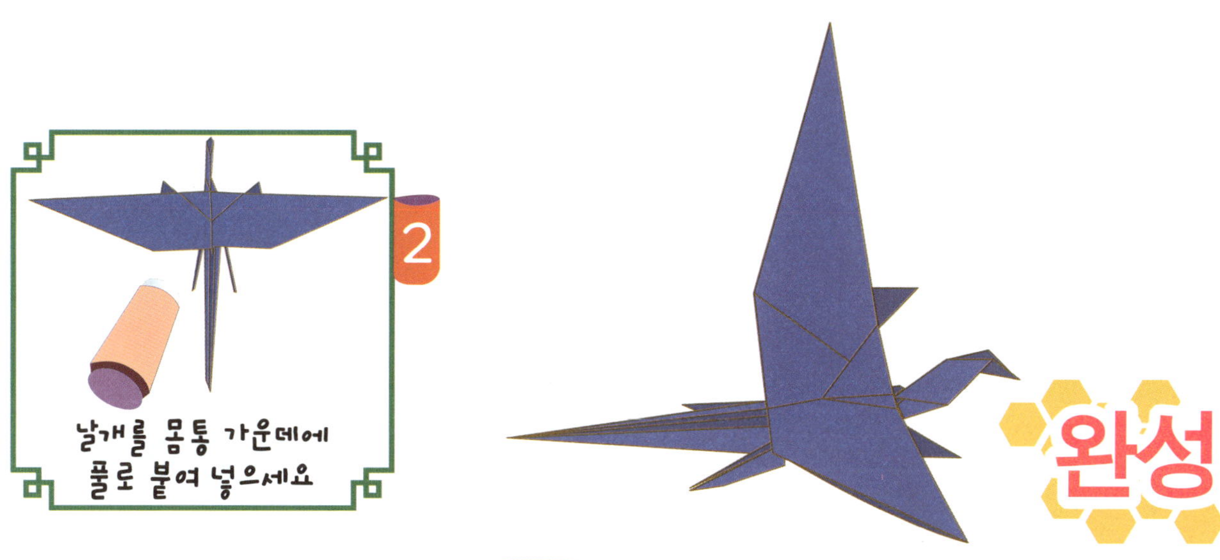

알쭉달쭉 색종이로

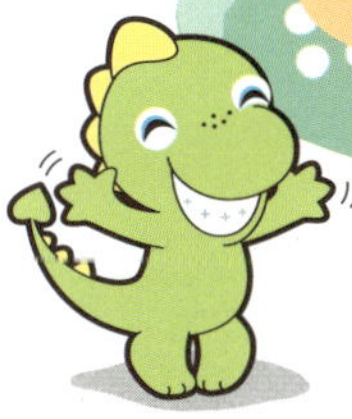

멋지게 접은 공룡을 아래 배경에 붙여보세요

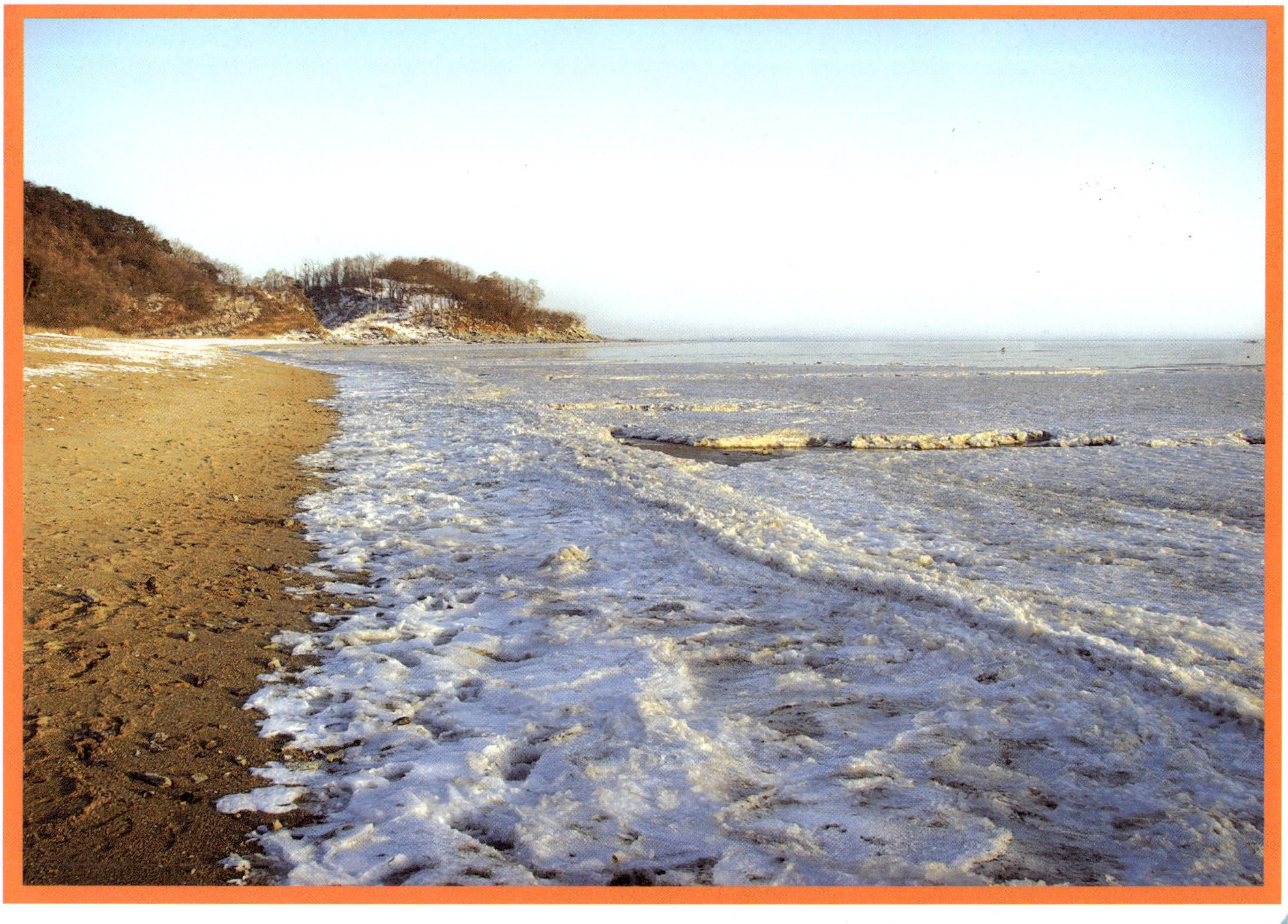

Ouranosaurus
오우라노사우루스

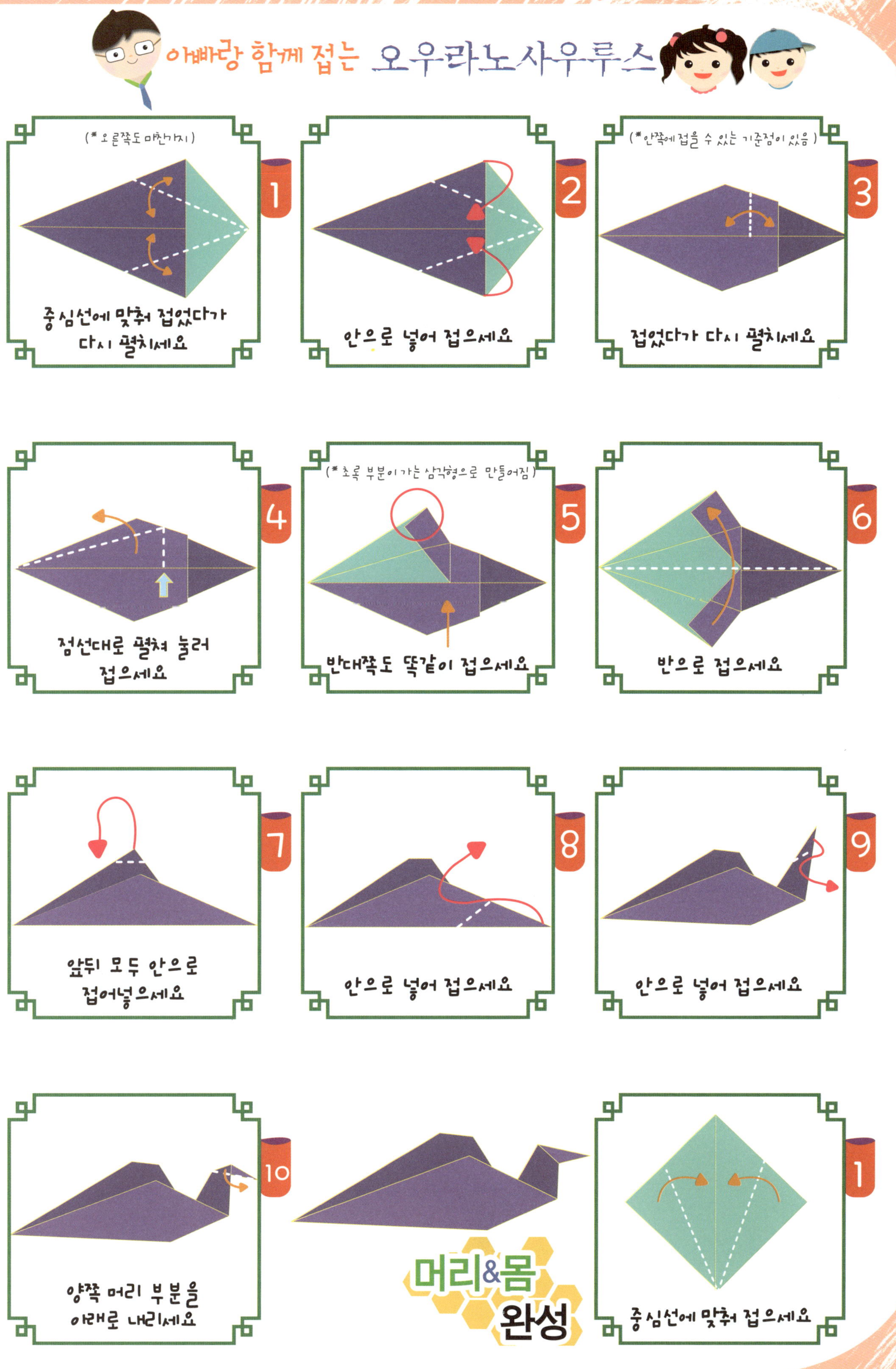
아빠랑 함께 접는 오우라노사우루스

(*오른쪽도 마찬가지)
1
중심선에 맞춰 접었다가
다시 펼치세요

2
안으로 넣어 접으세요

(*안쪽에 접을 수 있는 기준점이 있음)
3
접었다가 다시 펼치세요

4
점선대로 펼쳐 눌러
접으세요

(*초록 부분이 가는 삼각형으로 만들어짐)
5
반대쪽도 똑같이 접으세요

6
반으로 접으세요

7
앞뒤 모두 안으로
접어넣으세요

8
안으로 넣어 접으세요

9
안으로 넣어 접으세요

10
양쪽 머리 부분을
아래로 내리세요

머리&몸
완성

1
중심선에 맞춰 접으세요

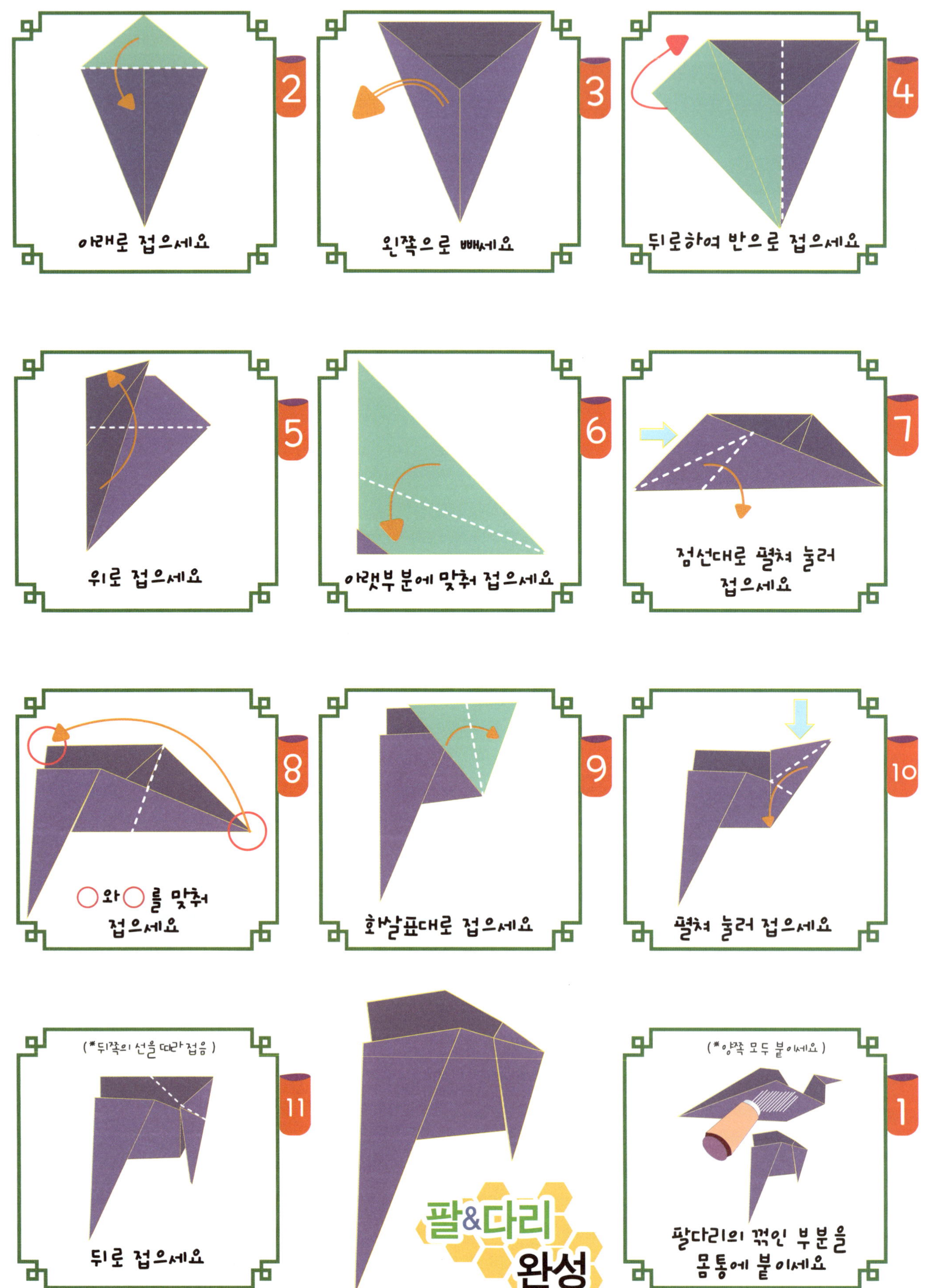
아래로 접으세요
왼쪽으로 빼세요
뒤로하여 반으로 접으세요
위로 접으세요
아랫부분에 맞춰 접으세요
점선대로 펼쳐 눌러 접으세요
◯와 ◯를 맞춰 접으세요
화살표대로 접으세요
펼쳐 눌러 접으세요
(＊뒤쪽의 선을 따라접음)
뒤로 접으세요
팔&다리 완성
(＊양쪽 모두 붙이세요)
팔다리의 꺾인 부분을 몸통에 붙이세요

2

다리의 끝 부분을
안으로 넣어 접으세요

완성

알록달록 색종이로
멋지게 접은 공룡을 아래 배경에 붙여보세요

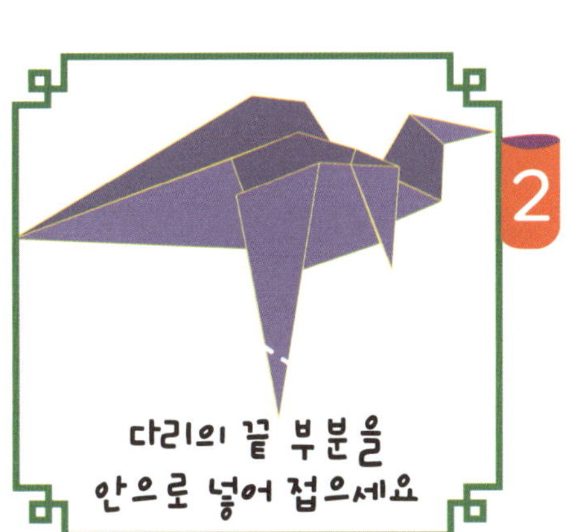

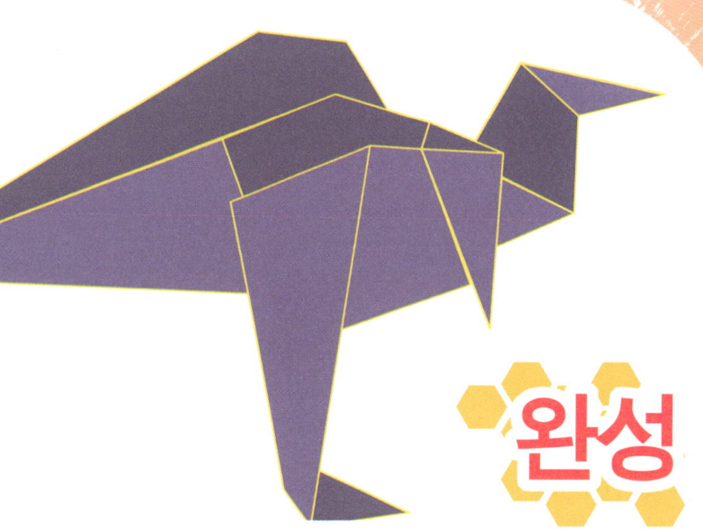

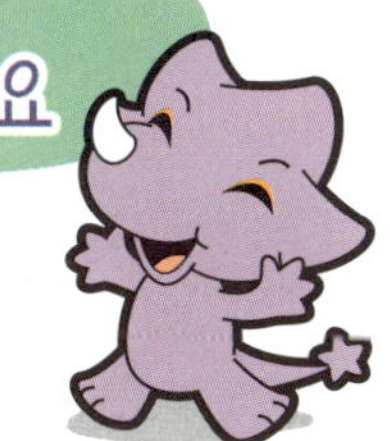

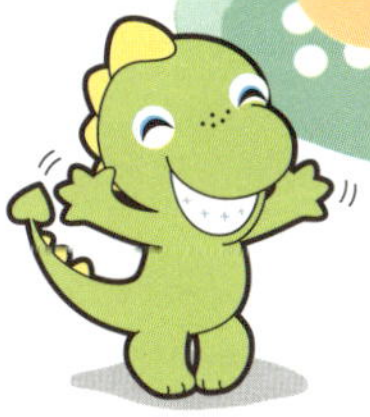

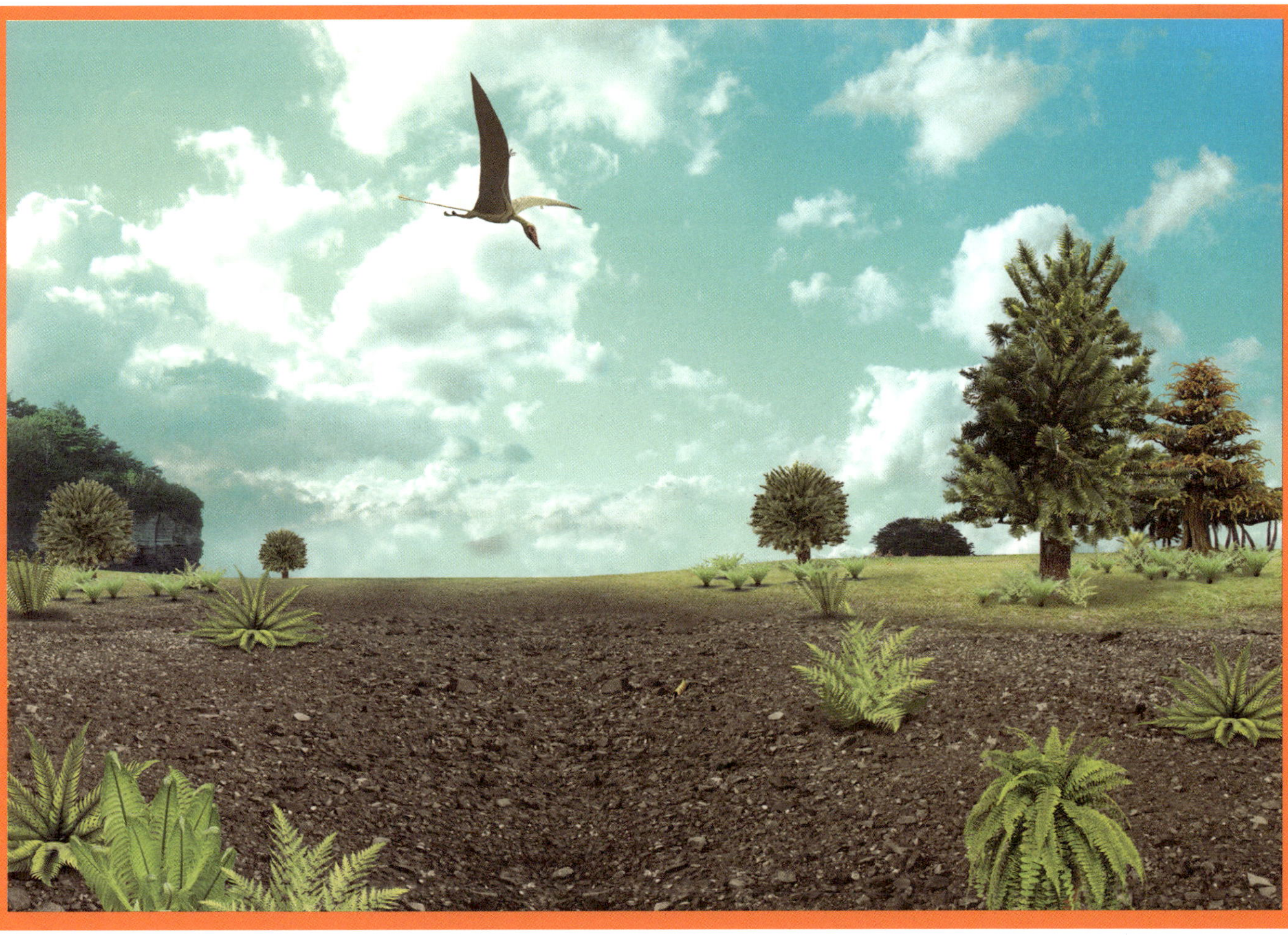

Compsognatus

콤프소그나투스

1 반으로 접고 다시 반으로 접은 후 펼치세요

2 중심선에 맞춰 접으세요

3 뒤집으세요

4 중심선에 맞춰 접었다가 다시 펼치세요

5 반으로 접고 방향을 돌리세요

6 아래로 잡아당겨 펼쳐 눌러 접으세요

7 반대쪽도 똑같이 접으세요

8 아랫면에 맞춰 접으세요

9 반대쪽도 똑같이 접고 끝 부분을 안으로 넣어 접으세요

몸&다리 완성

1 몸과 다리 3번까지 접으세요, 바깥쪽면에 맞춰 접으세요

2 뒤집으세요

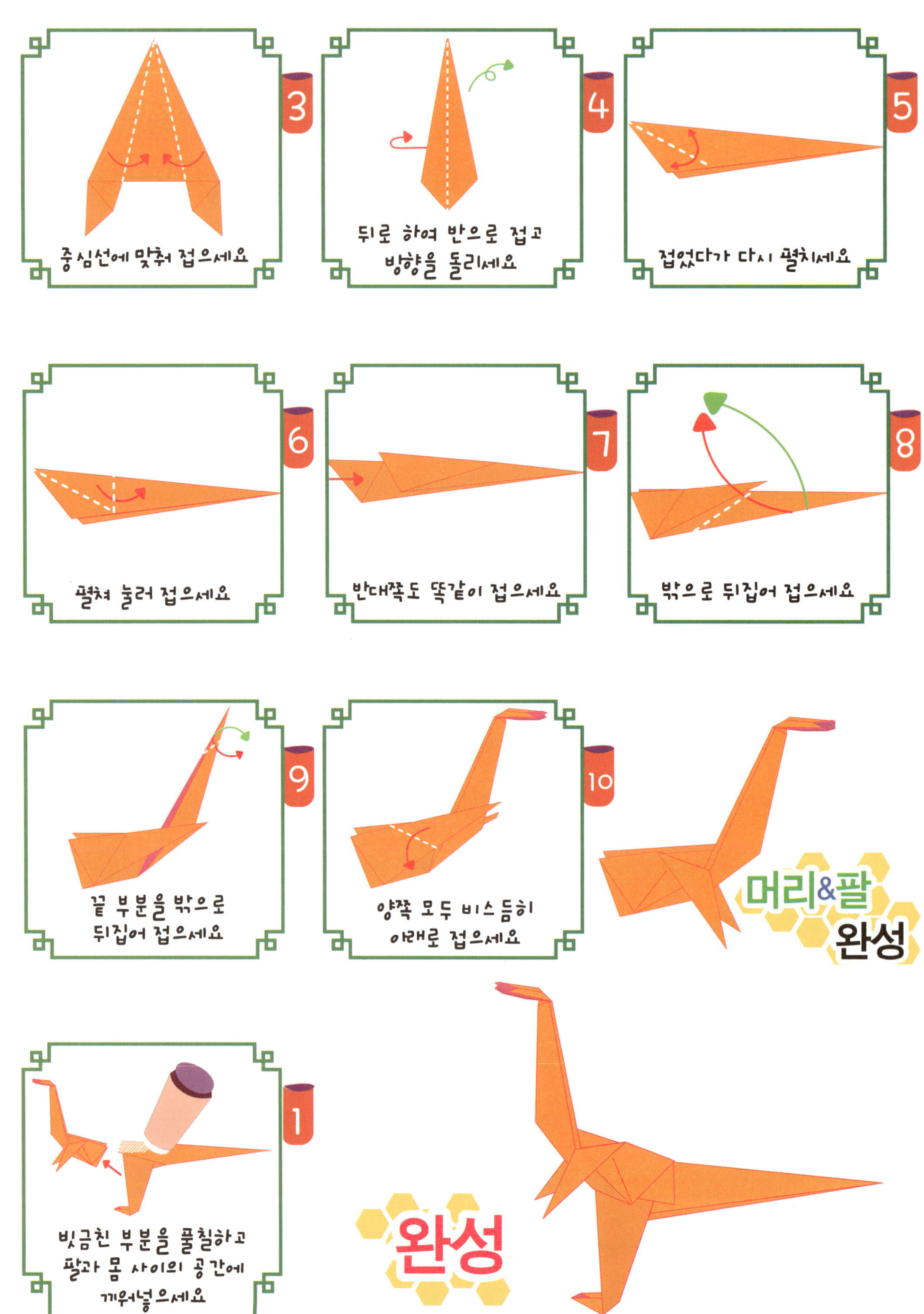

3
중심선에 맞춰 접으세요
4
뒤로 하여 반으로 접고 방향을 돌리세요
5
접었다가 다시 펼치세요
6
펼쳐 눌러 접으세요
7
반대쪽도 똑같이 접으세요
8
밖으로 뒤집어 접으세요
9
끝 부분을 밖으로 뒤집어 접으세요
10
양쪽 모두 비스듬히 아래로 접으세요
머리&팔 완성
1
빗금친 부분을 풀칠하고 팔과 몸 사이의 공간에 끼워넣으세요
완성

알쏙달쏙 색종이로
멋지게 접은 공룡을 아래 배경에 붙여보세요

52
쥐라기 중기
Lexovisaurus
렉소비사우루스
난이도 ★★
특징
렉소비사우루스는 몸에 화려한 골판이 있어요. 이 골판은 육식 공룡으로부터 몸을 보호하기 위한 것으로 무려 1m나 돼요. 냄새를 아주 잘 맡았고 성질은 아주 온순했어요.
식성 초식   길이 5m   무게 2t

아빠랑 함께 접는 렉소비사우루스
1 중심선에 맞춰 접으세요
2 중심선에 맞춰 접으세요
3 반으로 접으세요
머리&꼬리 완성
1 중심에 맞춰 접으세요
2 왼쪽면에 맞춰 접었다가 다시 펼치세요
3 ○와 ○를 맞춰 접었다가 다시 펼치세요
4 기준선에 맞춰 접으세요
5 뒤집으세요
6 반으로 접으세요
7 반으로 접으세요
8 접었다가 다시 펼치세요

안으로 넣어 접으세요
화살표대로 접으세요
기준선에 맞춰 접으세요
왼쪽은 앞으로 접고, 오른쪽은 뒤로 접으세요
왼쪽 몸통 완성
왼쪽 몸통 11번까지 똑같이 접으세요, 왼쪽은 뒤로 접고 오른쪽은 앞으로 접으세요
오른쪽 몸통 완성
몸통에 풀칠하고 머리와 꼬리 부분을 붙이세요
뿔 부분까지 모두 풀칠하고 반대쪽 몸통을 붙이세요
어깨뿔이 있는 쪽을 안으로 넣어 접으세요
안으로 넣어 접으세요
완성

알쭉달쭉 색종이로

멋지게 접은 공룡을 아래 배경에 붙여보세요

Giganotosaurus
기가노토사우루스

난이도 ★★★★

특징

뇌는 매우 작지만 육식 공룡 가운데 가장 큰 덩치를 자랑하는 공룡이에요. 후각이 발달하여 냄새를 아주 잘 맡고 20cm가 넘는 긴 발톱을 가지고 있지만 먹이는 스스로 잡지 않고 큰 덩치로 위협하여 다른 공룡이 잡은 먹이를 빼앗아 먹어요.

식성 육식 **길이** 15m **무게** 10t

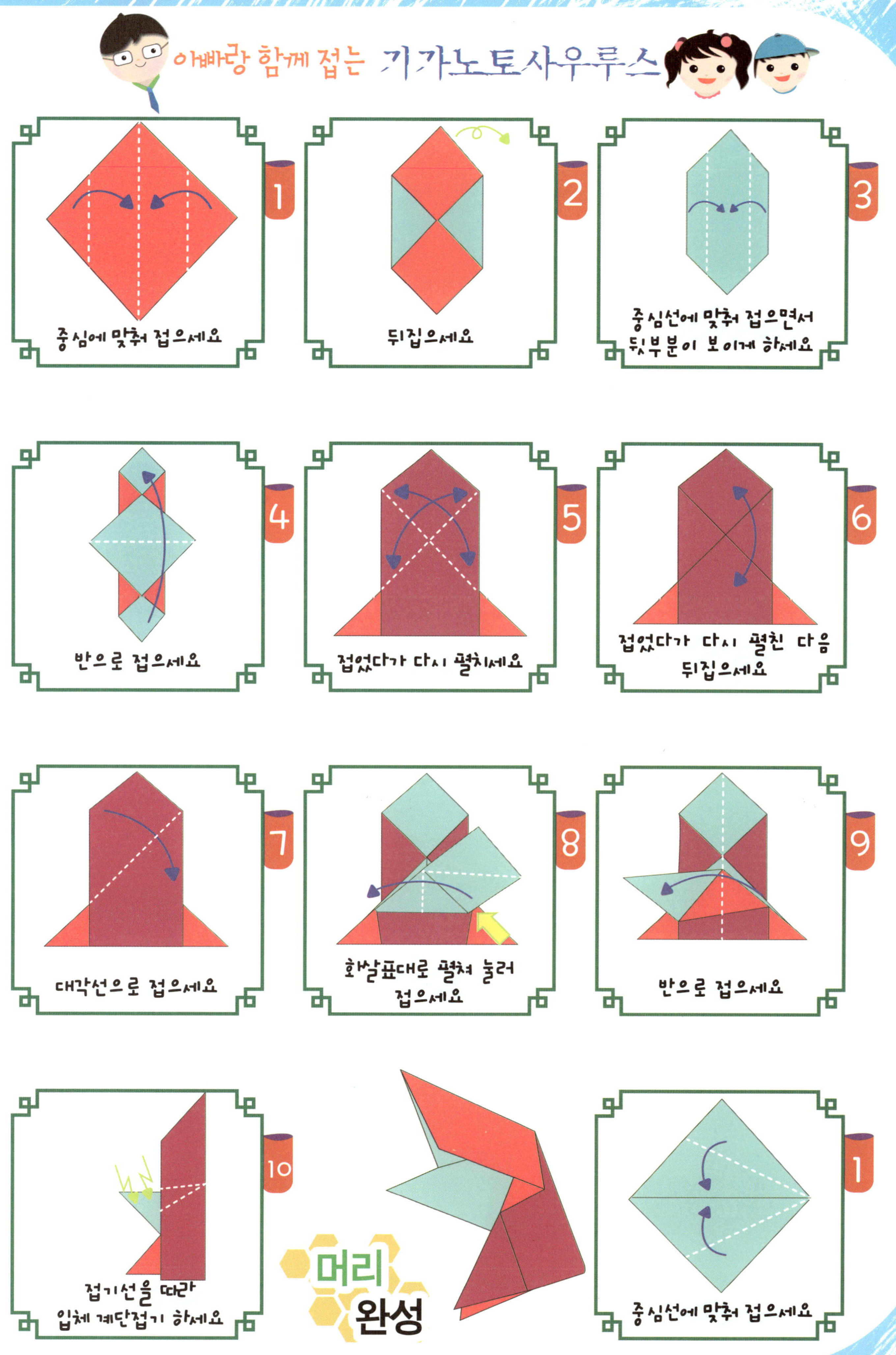

아빠랑 함께 접는 기가노토사우루스

1
중심에 맞춰 접으세요

2
뒤집으세요

3
중심선에 맞춰 접으면서
뒷부분이 보이게 하세요

4
반으로 접으세요

5
접었다가 다시 펼치세요

6
접었다가 다시 펼친 다음
뒤집으세요

7
대각선으로 접으세요

8
화살표대로 펼쳐 눌러
접으세요

9
반으로 접으세요

10
접기선을 따라
입체 계단접기 하세요

머리
완성

1
중심선에 맞춰 접으세요

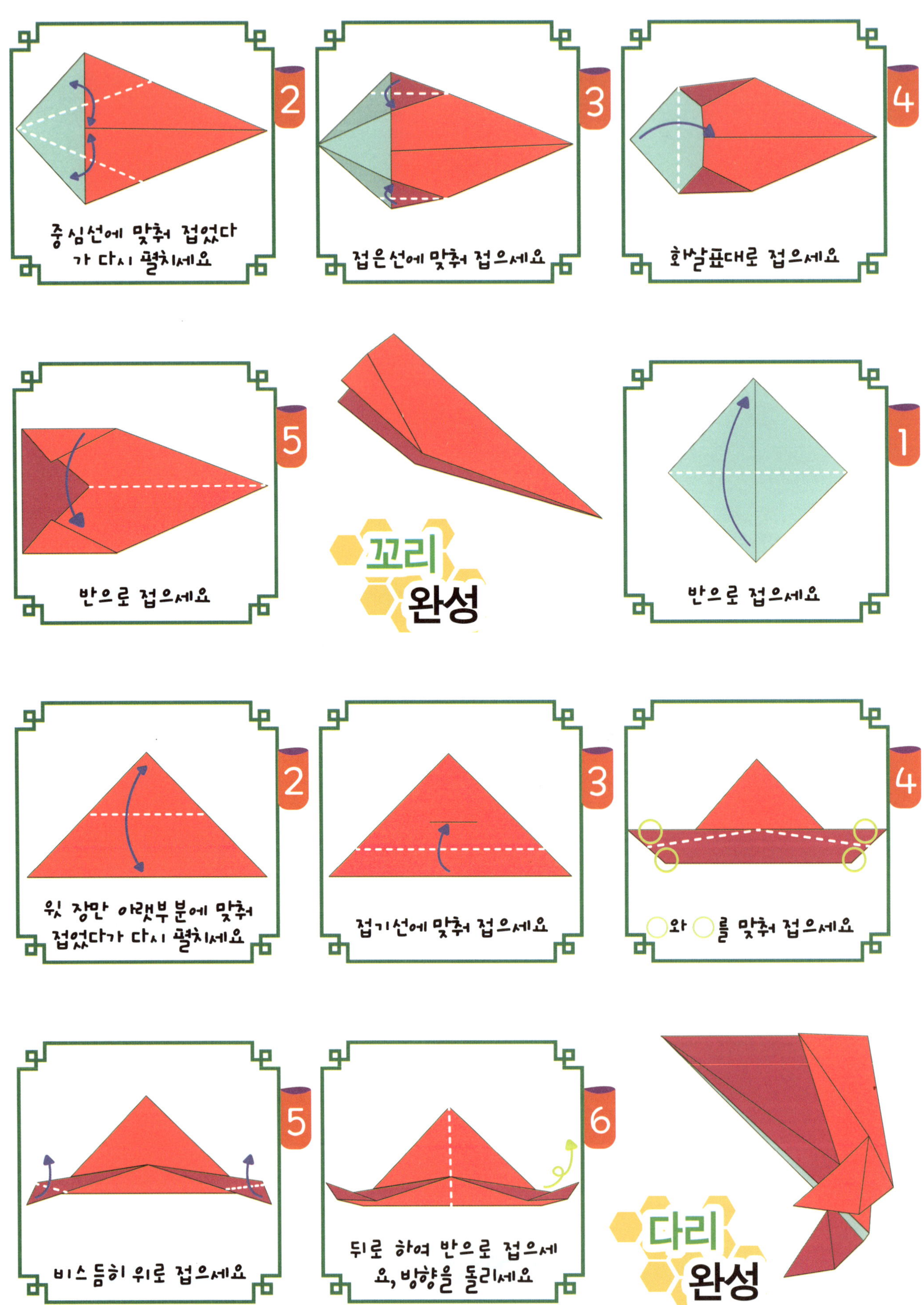
2
중심선에 맞춰 접었다
가 다시 펼치세요
3
접은선에 맞춰 접으세요
4
화살표대로 접으세요
5
반으로 접으세요
꼬리
완성
1
반으로 접으세요
2
윗 장만 아랫부분에 맞춰
접었다가 다시 펼치세요
3
접기선에 맞춰 접으세요
4
◯와 ◯를 맞춰 접으세요
5
비스듬히 위로 접으세요
6
뒤로 하여 반으로 접으세
요, 방향을 돌리세요
다리
완성

꼬리 앞부분을 풀칠하여 다리
에 붙이고 머리 사이에
끼워 넣으세요

완성

알쭉달쭉 색종이로
멋지게 접은 공룡을 아래 배경에 붙여보세요

Anatotitan
아나토티탄

난이도 ★★★

특징

지금의 오리와 많이 닮아서 **거대한 오리라는 뜻**의 이름을 가진 공룡이에요. 미국에서 발견된 공룡으로 전형적인 오리 모양의 주둥이를 가지고 있어요. 입에는 **1,000개의 이빨**이 강판처럼 나 있고, 커다란 뒷다리와 튼튼한 등뼈가 있어요.

식성 초식 **길이** 10m **무게** 5t

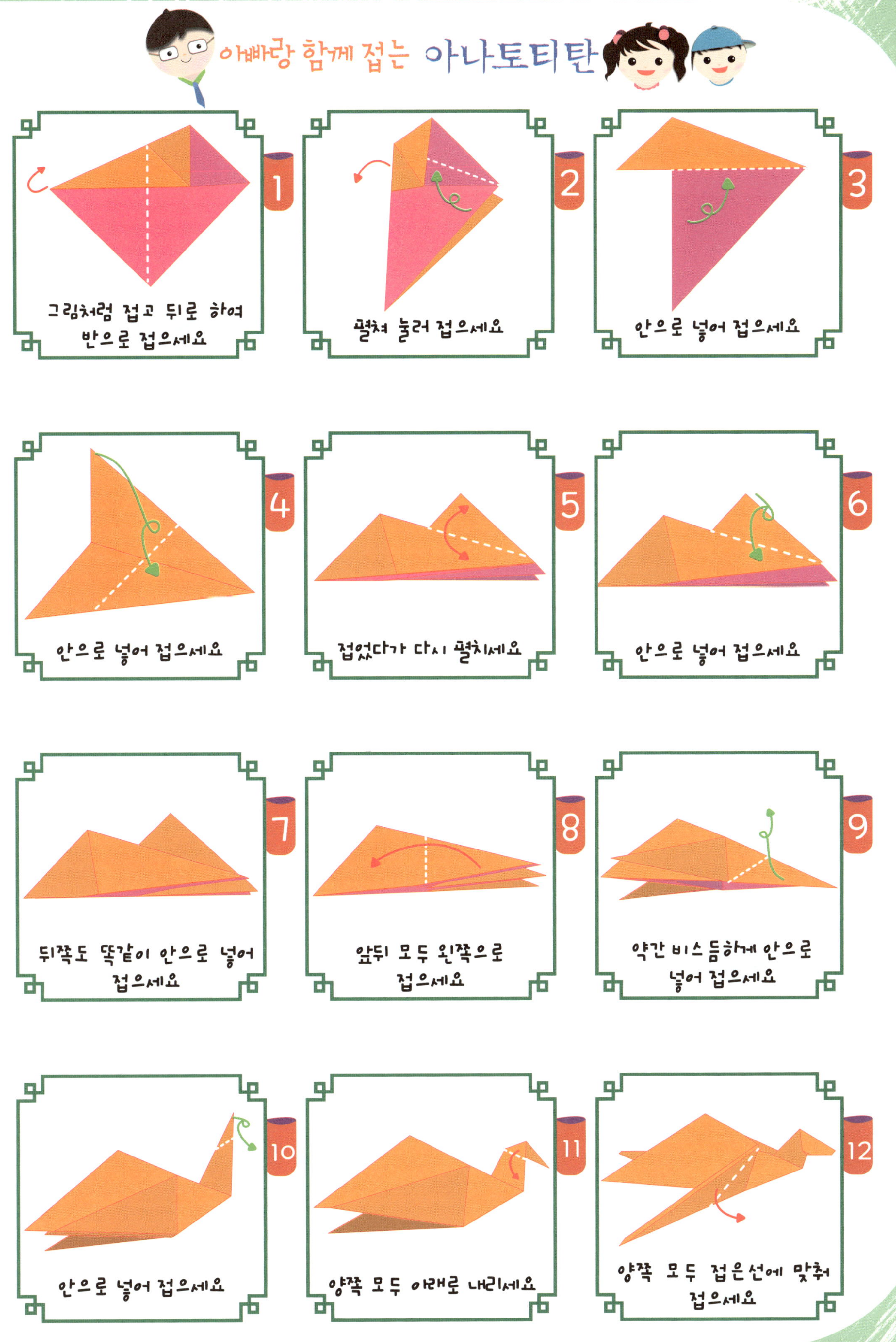
아빠랑 함께 접는 아나토티탄
1
그림처럼 접고 뒤로 하여
반으로 접으세요
2
펼쳐 눌러 접으세요
3
안으로 넣어 접으세요
4
안으로 넣어 접으세요
5
접었다가 다시 펼치세요
6
안으로 넣어 접으세요
7
뒤쪽도 똑같이 안으로 넣어
접으세요
8
앞뒤 모두 왼쪽으로
접으세요
9
약간 비스듬하게 안으로
넣어 접으세요
10
안으로 넣어 접으세요
11
양쪽 모두 아래로 내리세요
12
양쪽 모두 접은선에 맞춰
접으세요

머리&팔
완성

중심선에 맞춰 접고
반으로 접으세요

1

○과 ○을 맞춰 접은 다음
풀칠하여 붙이세요

2

몸통
완성

그림처럼 중심선에 맞춰
접고 반대쪽도 중심선에
맞춰 접으세요

1

반으로 접으세요

2

반으로 접고 방향을
돌리세요

3

다리
완성

머리와 팔 뒷부분에 풀칠하여 몸통
안쪽으로 끼워넣으세요

1

(다리의 방향에 주의!)

다리 사이에 풀칠하여
몸통에 끼워 넣으세요

2

가슴 부위를 따라
위로 접으세요

3

화살표대로 양쪽 팔을
접으세요

4

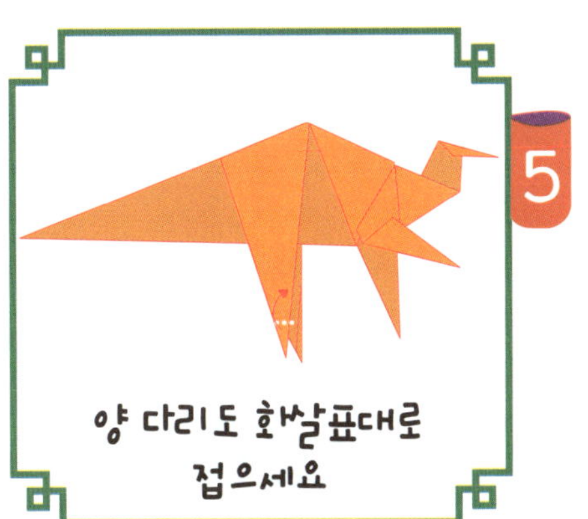

5
양 다리도 화살표대로
접으세요

완성

알록달록 색종이로 
멋지게 접은 공룡을 아래 배경에 붙여보세요

Pachycephalosaurus

파키케팔로사우루스

난이도 ★★★

특징

파키케팔로사우루스는 머리뼈의 두께가 사람 머리뼈의 50배나 되는 공룡이에요. 알처럼 볼록 튀어나온 이마는 암컷을 차지하려고 다른 수컷과 박치기를 하며 싸울 때나 머리를 보호하는 헬멧 역할을 했어요. 앞다리는 짧았지만 뒷다리는 튼튼하고 길어서 두 발로 걸었고, 주둥이 부위에는 혹이 있어요.

식성 초식　　**길이** 6m　　**무게** 4t

1 각 모서리를 반으로 접었다 펴고 중심에 맞춰 접었다가 펴세요

2 윗부분에 맞춰 접으세요

3 위의 한 장만 아래로 접으세요

4 화살표대로 접으세요

5 반대쪽으로 접으세요

6 오른쪽 부분에 겹쳐지도록 접으세요

7 반대쪽으로 접으세요

8 반으로 접으세요

9 입체 계단접기 하세요

10 풀칠하여 접으세요

11 오른쪽으로 접으세요

12 비스듬히 접으세요

반대쪽도 똑같이 접으세요
13
끝 부분을
뒤로 접으세요
머리
완성
(* 이 단계에서 안으로 넣어 접고 풀칠해도 됨)
1
반으로 접고 윗장만
아랫부분에 맞춰
접었다가 펴세요
2
접기선에 맞춰 접으세요
3
뒤로 하여 반으로 접으세
요, 방향을 돌리세요
4
모서리보다 약간 위쪽으로
가도록 접으세요 (* 6참조)
5
뒤집으세요
6
모서리보다 약간 위쪽으로
가도록 접으세요
다리
완성
1
그림처럼 중심선에 접은 후
오른쪽으로 접으세요
2
반으로 접으세요
꼬리
완성

1
다리 사이를 풀칠한 후
꼬리를 붙이세요
완성 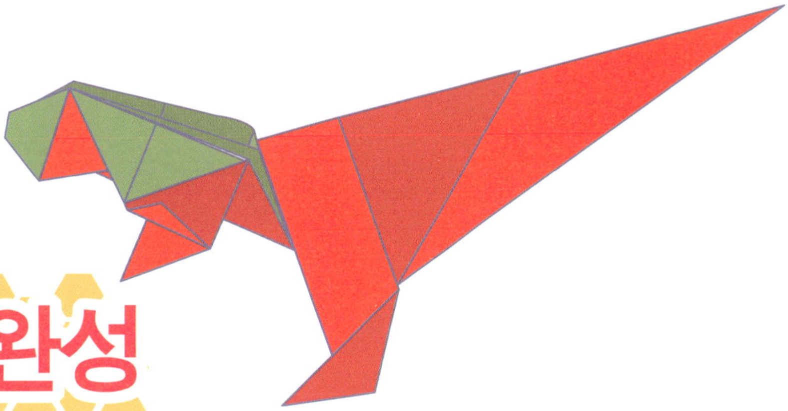

알쏙달쏙 색종이로
멋지게 접은 공룡을 아래 배경에 붙여보세요

Oviraptor
오비랖토르

난이도 ★★★★

특징

다른 공룡의 알을 잘 훔쳐 먹어서 **알 도둑**이라는 별명이 있는 공룡이에요. 앞발에 있는 갈고리처럼 생긴 3개의 발가락은 **물체를 잘 움켜질 수 있었고** 이빨은 없지만 **튼튼한 턱**이 있어 단단한 알을 잘 깼어요. 뒷다리는 튼튼해서 빠르게 뛸 수 있어요.

식성 잡식　**길이** 3m　**무게** 35kg

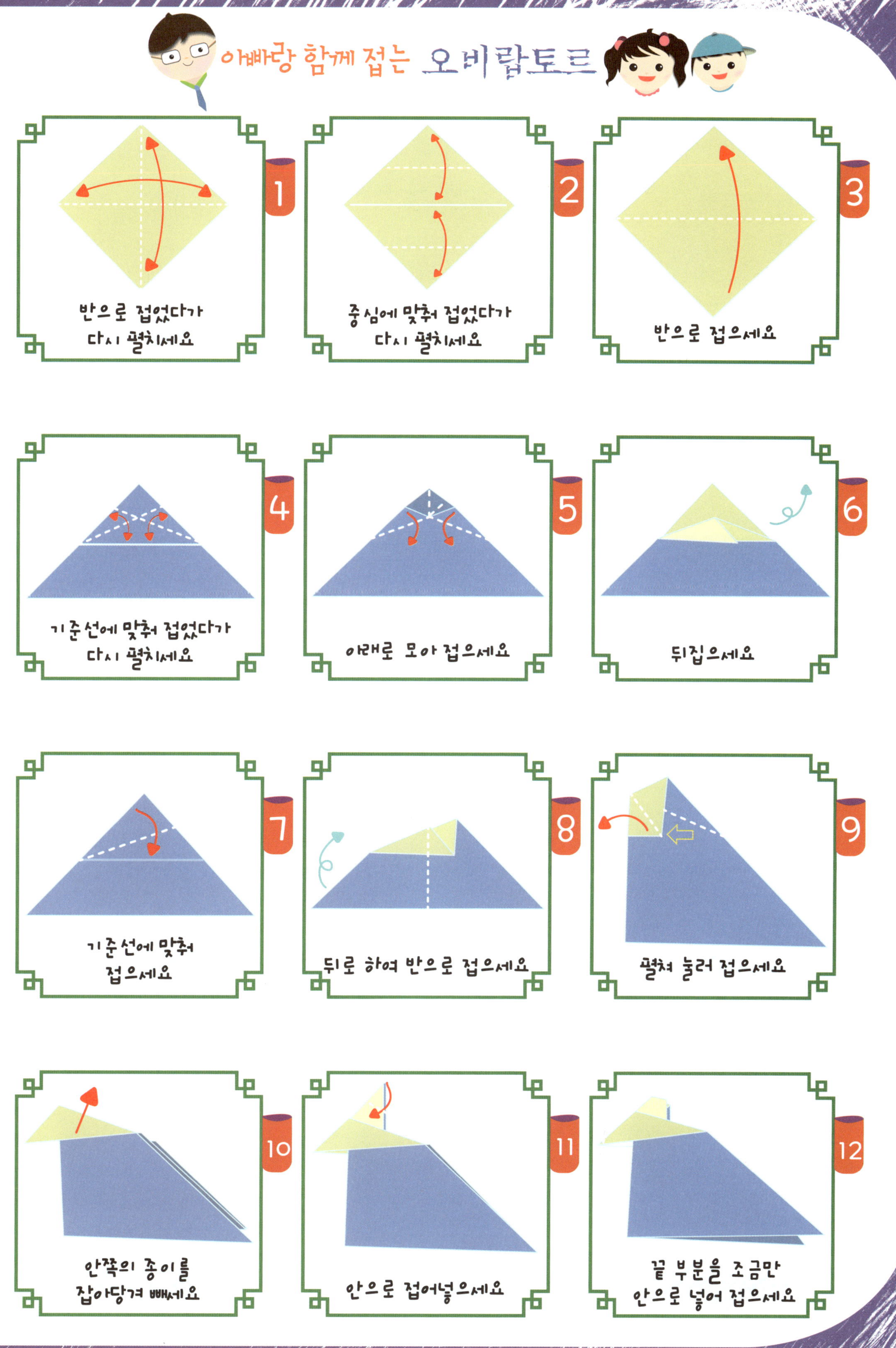
아빠랑 함께 접는 오비랍토르

1
반으로 접었다가
다시 펼치세요

2
중심에 맞춰 접었다가
다시 펼치세요

3
반으로 접으세요

4
기준선에 맞춰 접었다가
다시 펼치세요

5
아래로 모아 접으세요

6
뒤집으세요

7
기준선에 맞춰
접으세요

8
뒤로 하여 반으로 접으세요

9
펼쳐 눌러 접으세요

10
안쪽의 종이를
잡아당겨 빼세요

11
안으로 접어넣으세요

12
끝 부분을 조금만
안으로 넣어 접으세요

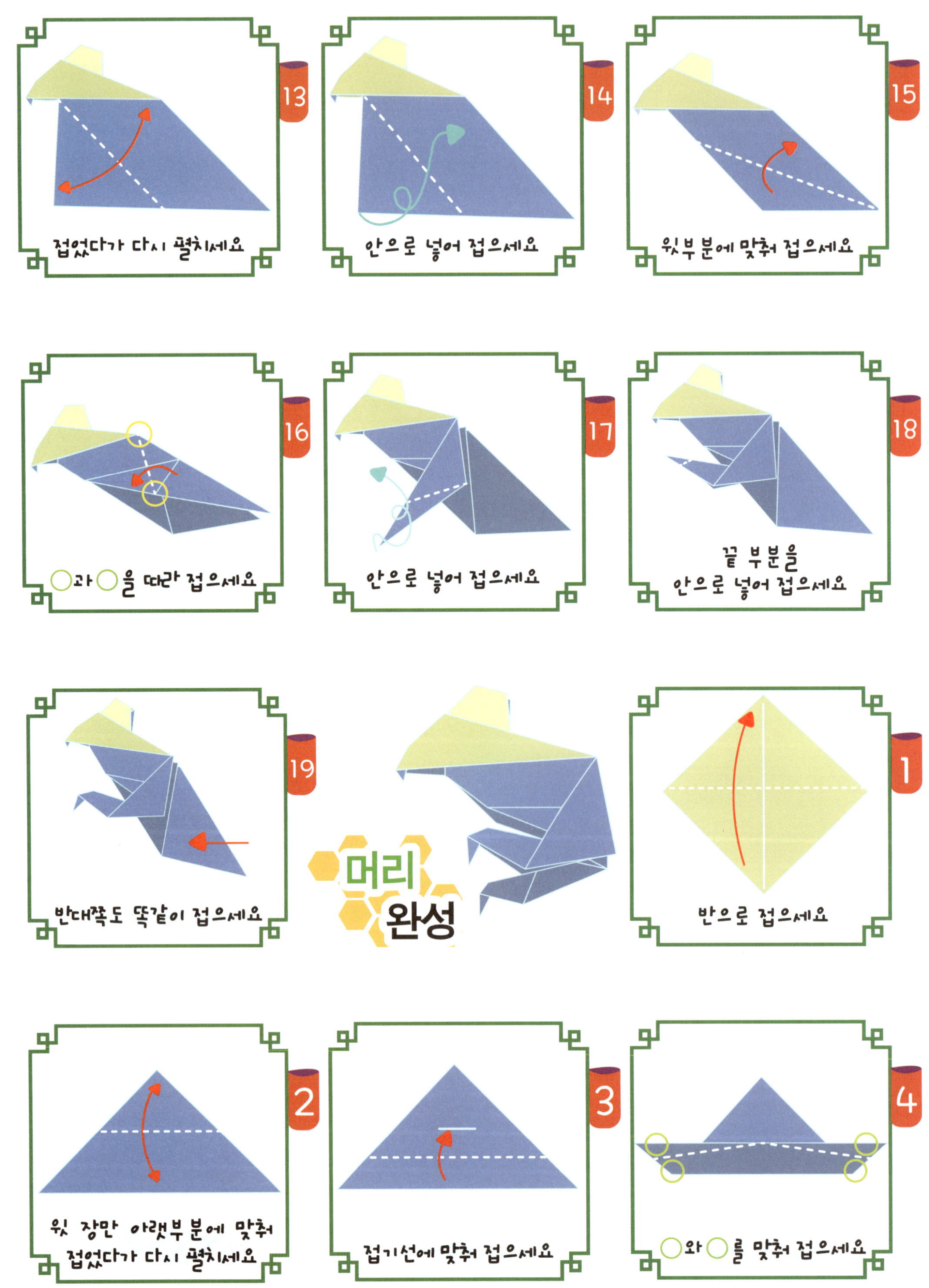

13
접었다가 다시 펼치세요
14
안으로 넣어 접으세요
15
윗부분에 맞춰 접으세요
16
○과 ○을 따라 접으세요
17
안으로 넣어 접으세요
18
끝 부분을
안으로 넣어 접으세요
19
반대쪽도 똑같이 접으세요
머리
완성
1
반으로 접으세요
2
윗 장만 아랫부분에 맞춰
접었다가 다시 펼치세요
3
접기선에 맞춰 접으세요
4
○와 ○를 맞춰 접으세요

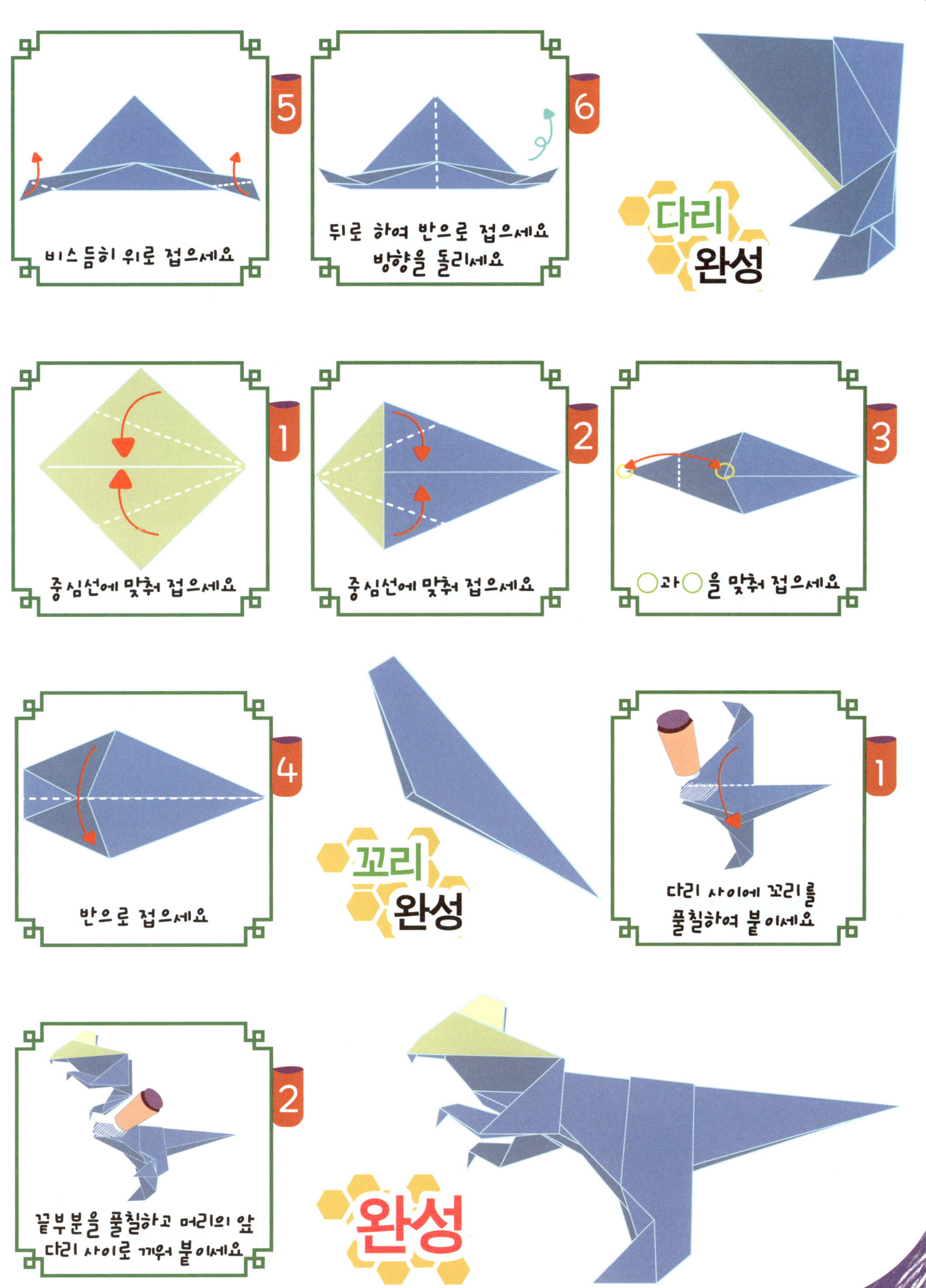
비스듬히 위로 접으세요
뒤로 하여 반으로 접으세요
방향을 돌리세요
다리 완성
중심선에 맞춰 접으세요
중심선에 맞춰 접으세요
○과 ○을 맞춰 접으세요
반으로 접으세요
꼬리 완성
다리 사이에 꼬리를 풀칠하여 붙이세요
끝부분을 풀칠하고 머리의 앞 다리 사이로 끼워 붙이세요
완성

알쏙달쏙 색종이로
멋지게 접은 공룡을 아래 배경에 붙여보세요

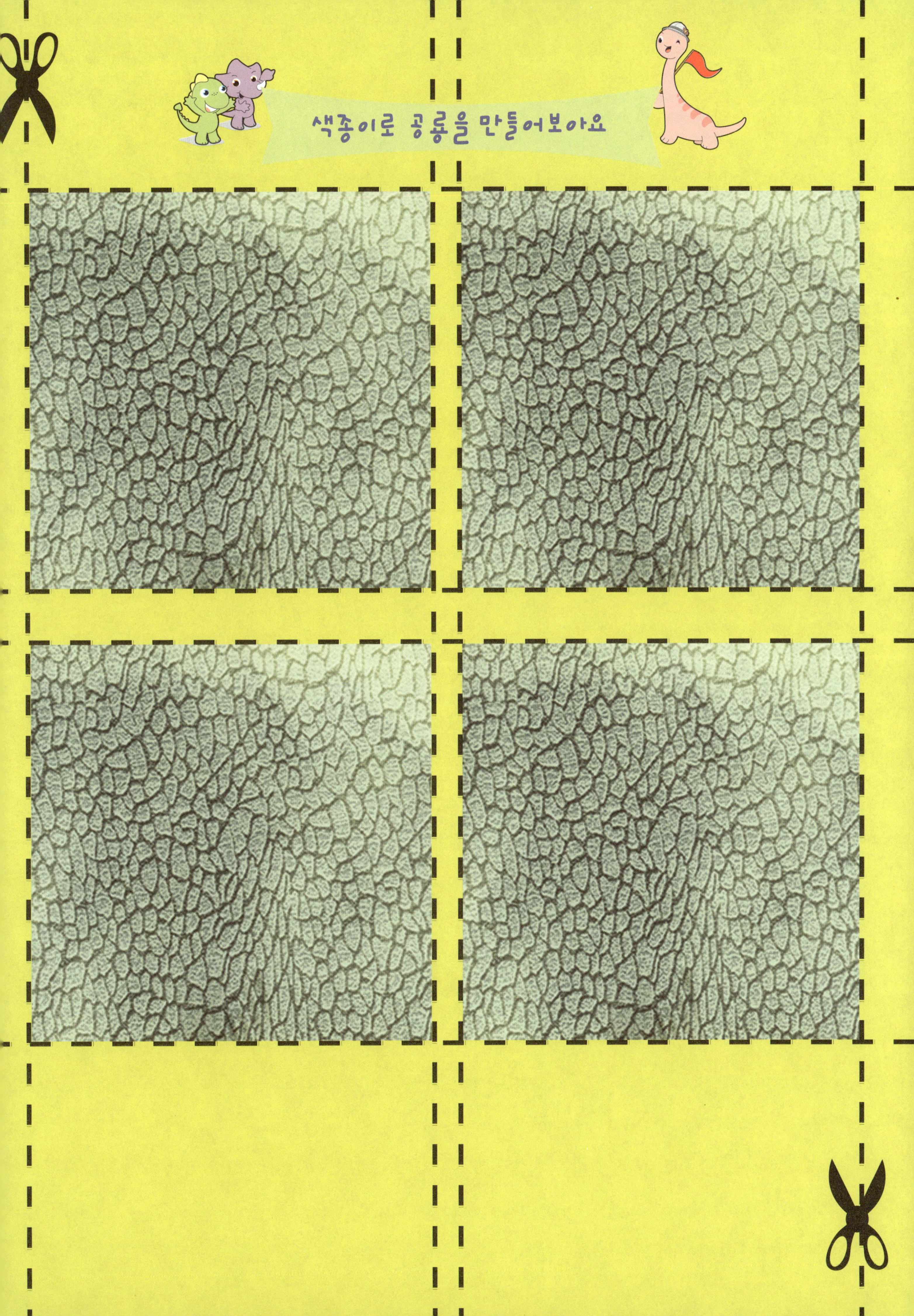

색종이로 공룡을 만들어보아요

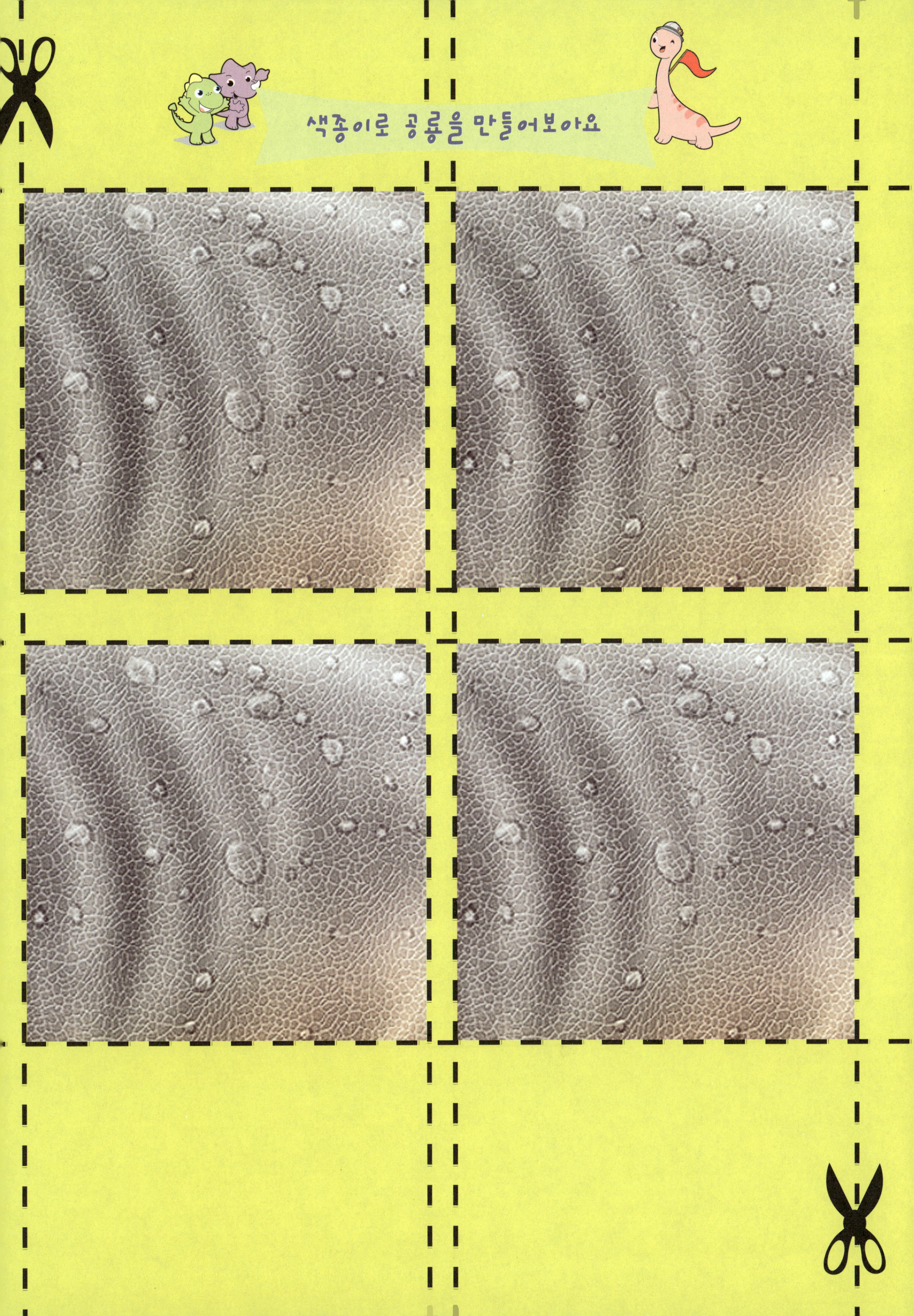

색종이로 공룡을 만들어보아요

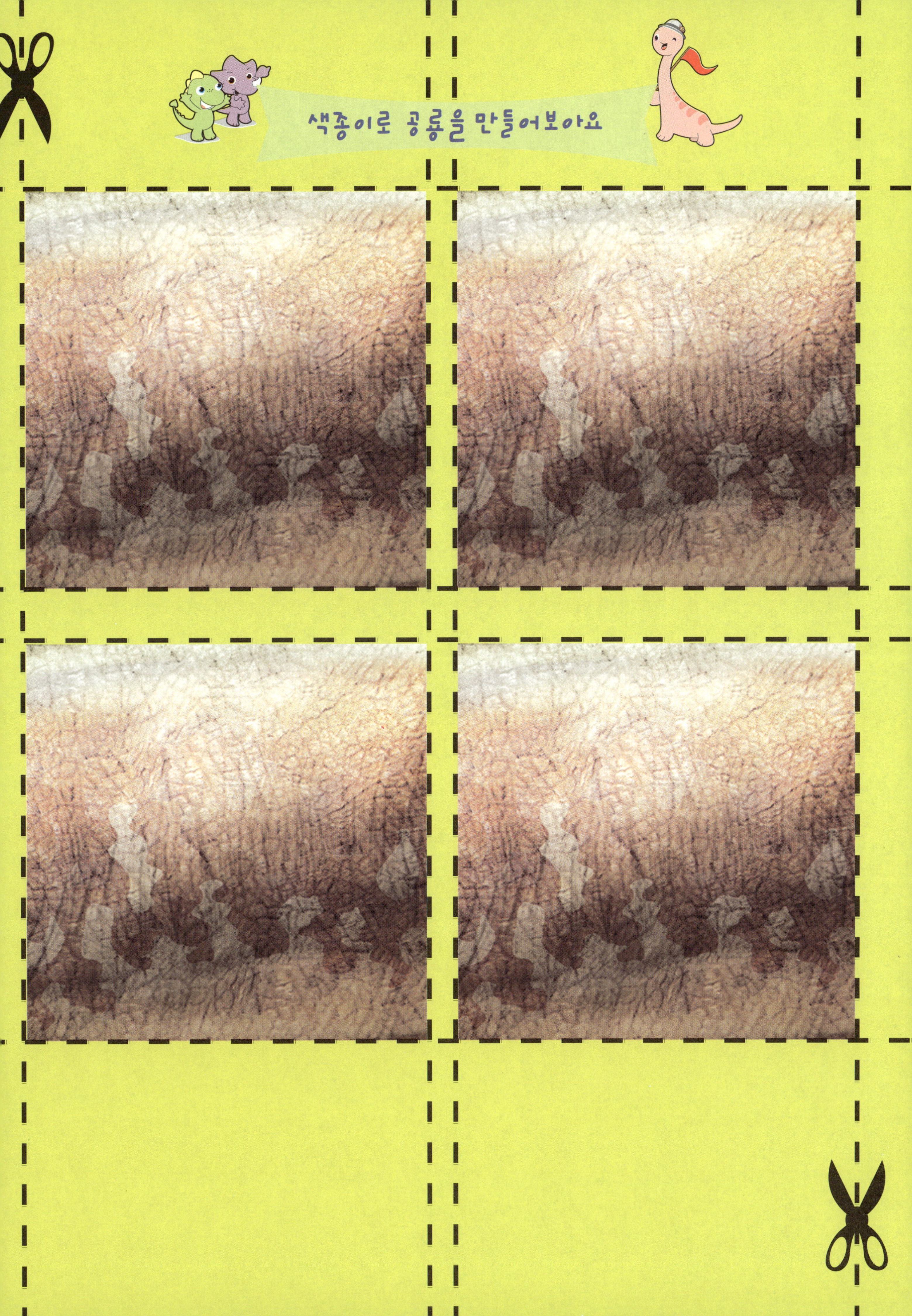
색종이로 공룡을 만들어보아요

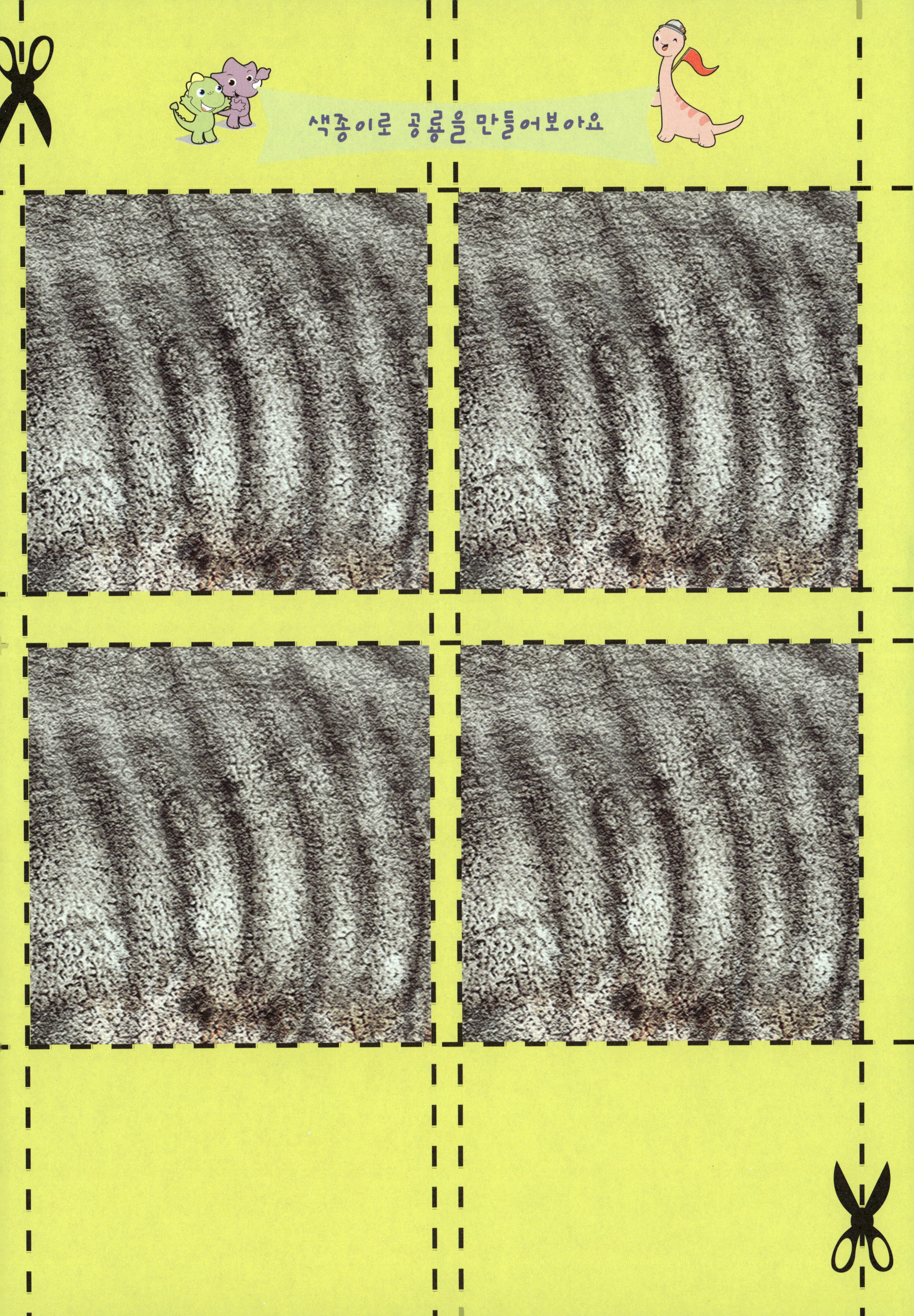

색종이로 공룡을 만들어보아요

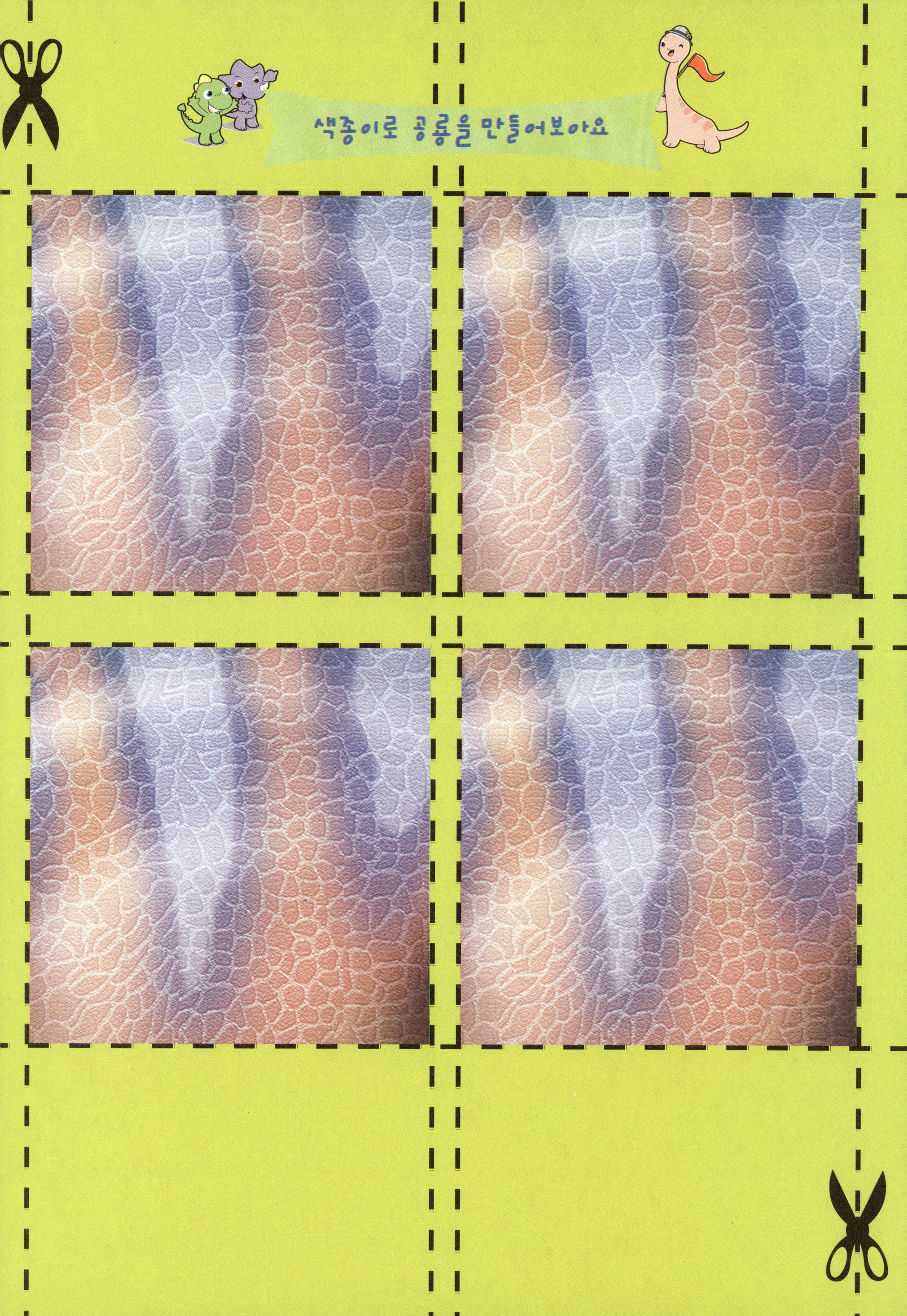

색종이로 공룡을 만들어보아요

색종이로 공룡을 만들어보아요

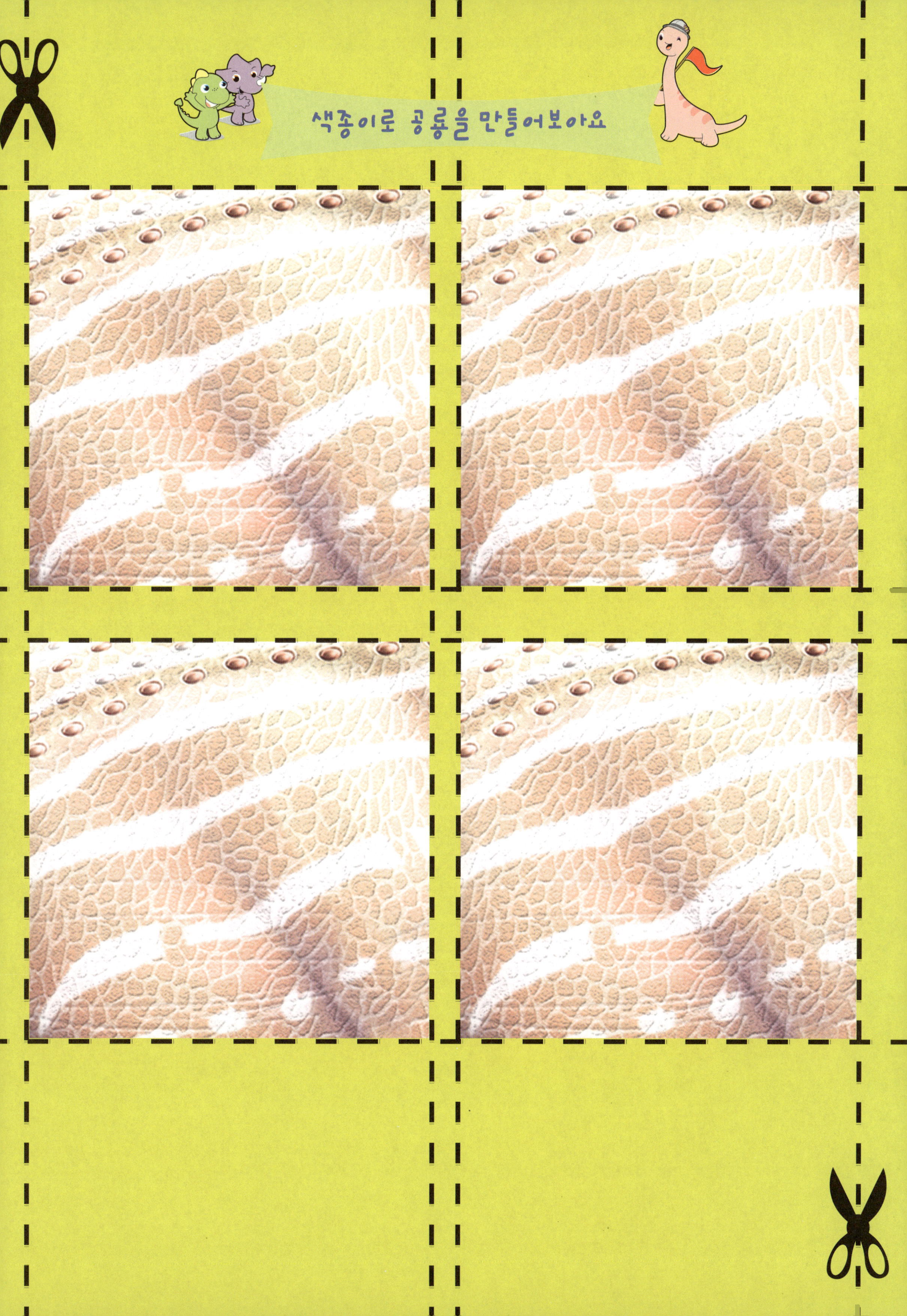
색종이로 공룡을 만들어 보아요

색종이로 공룡을 만들어보아요

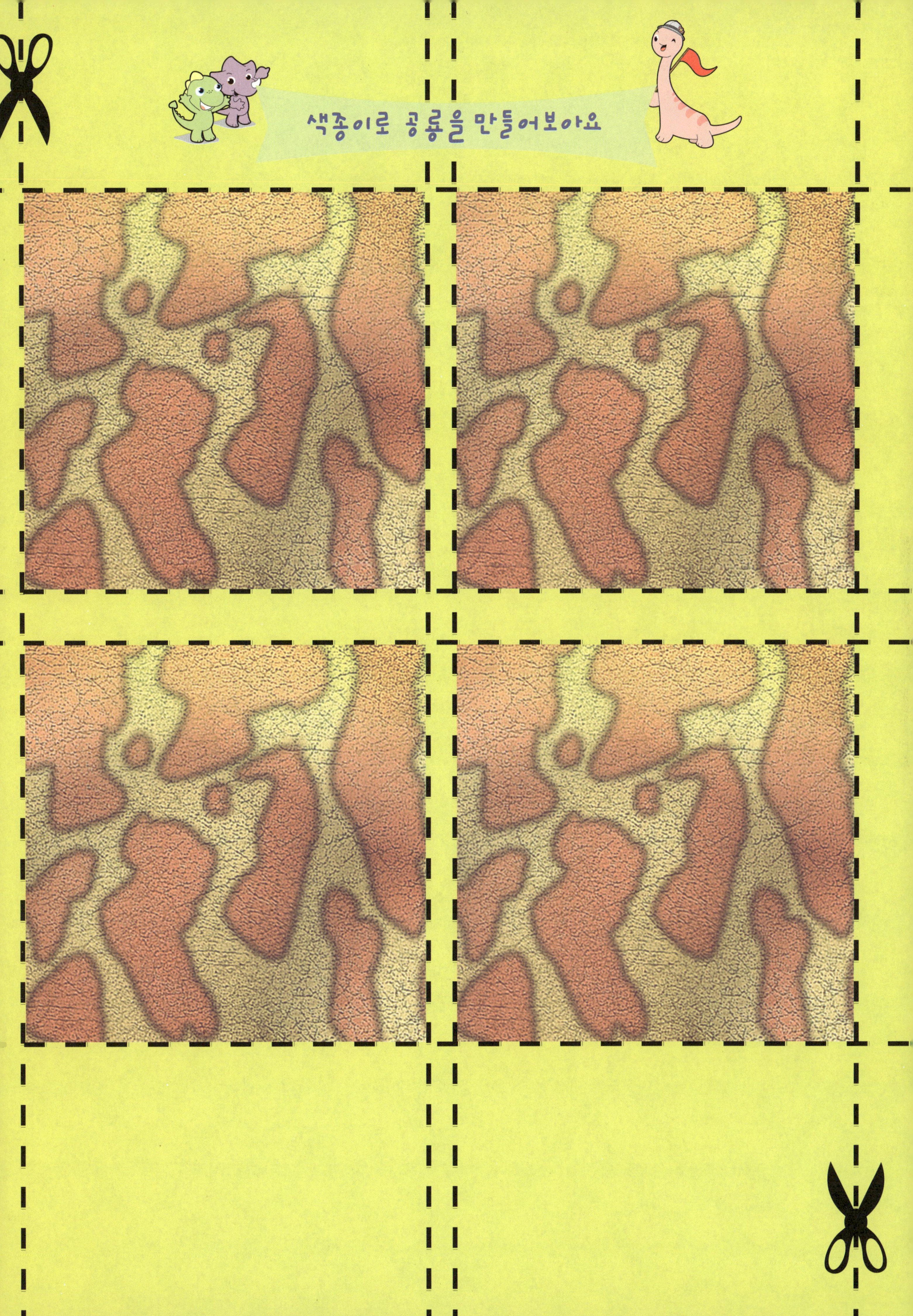

색종이로 공룡을 만들어보아요

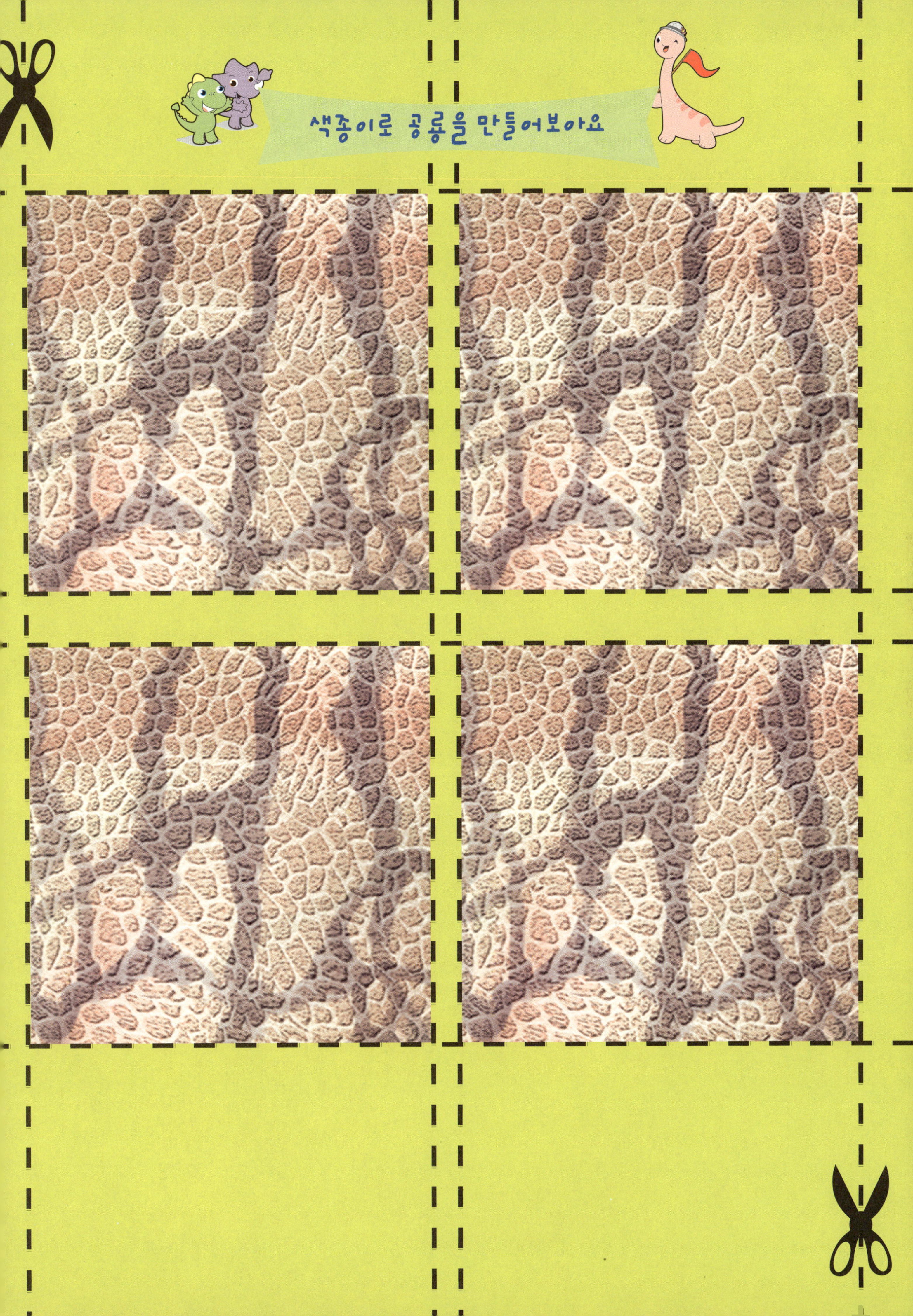

색종이로 공룡을 만들어보아요

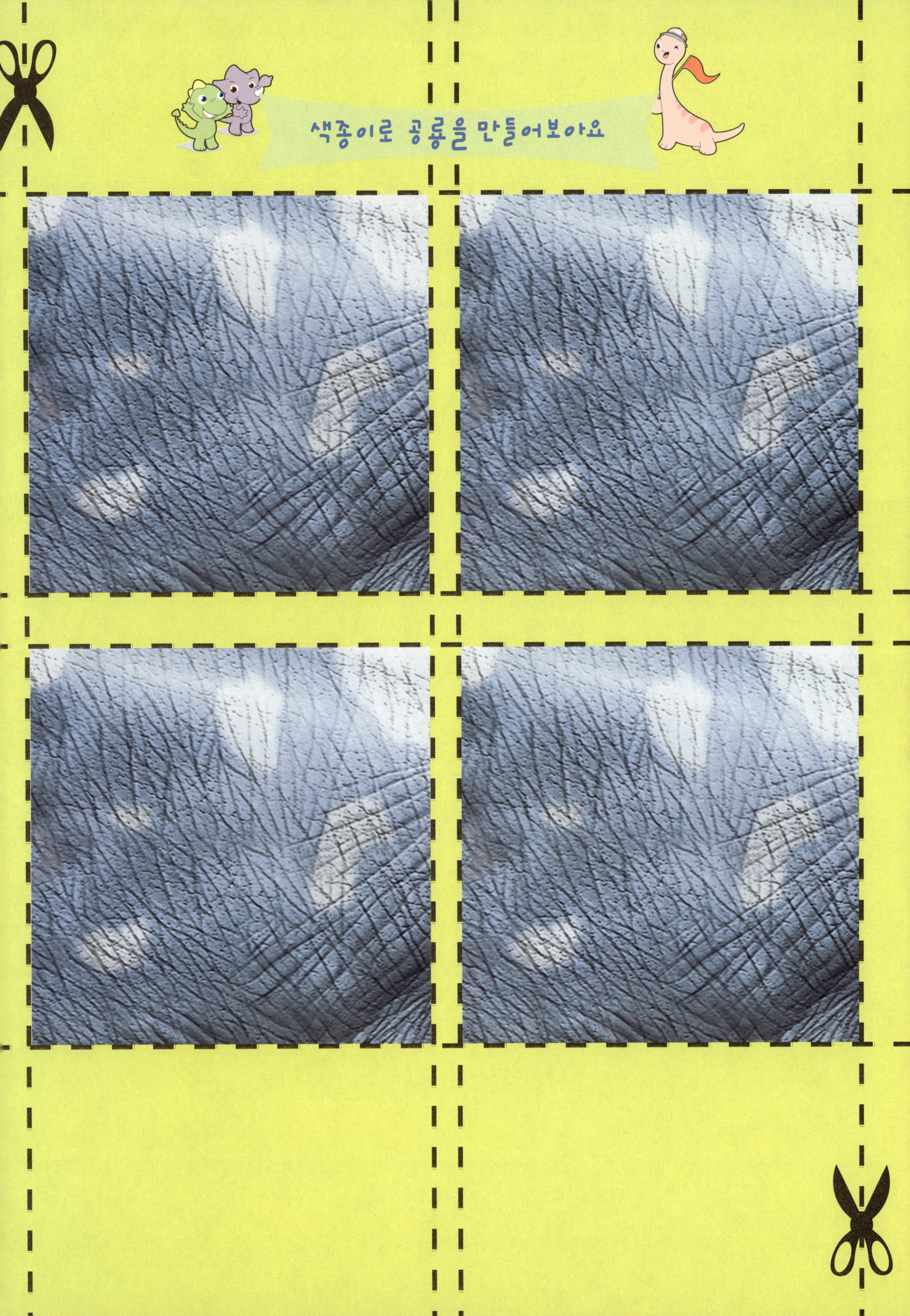

색종이로 공룡을 만들어보아요

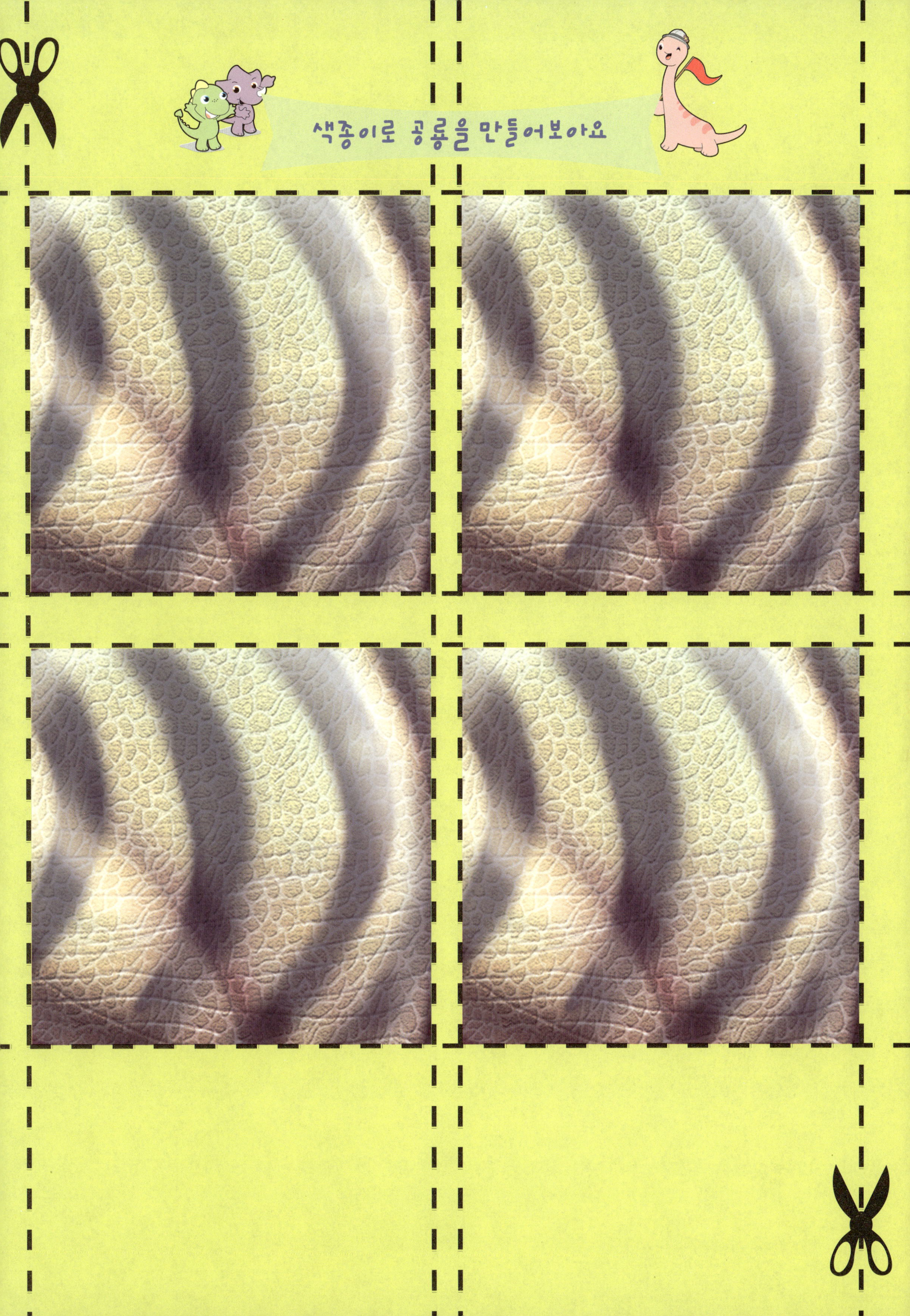
색종이로 공룡을 만들어보아요

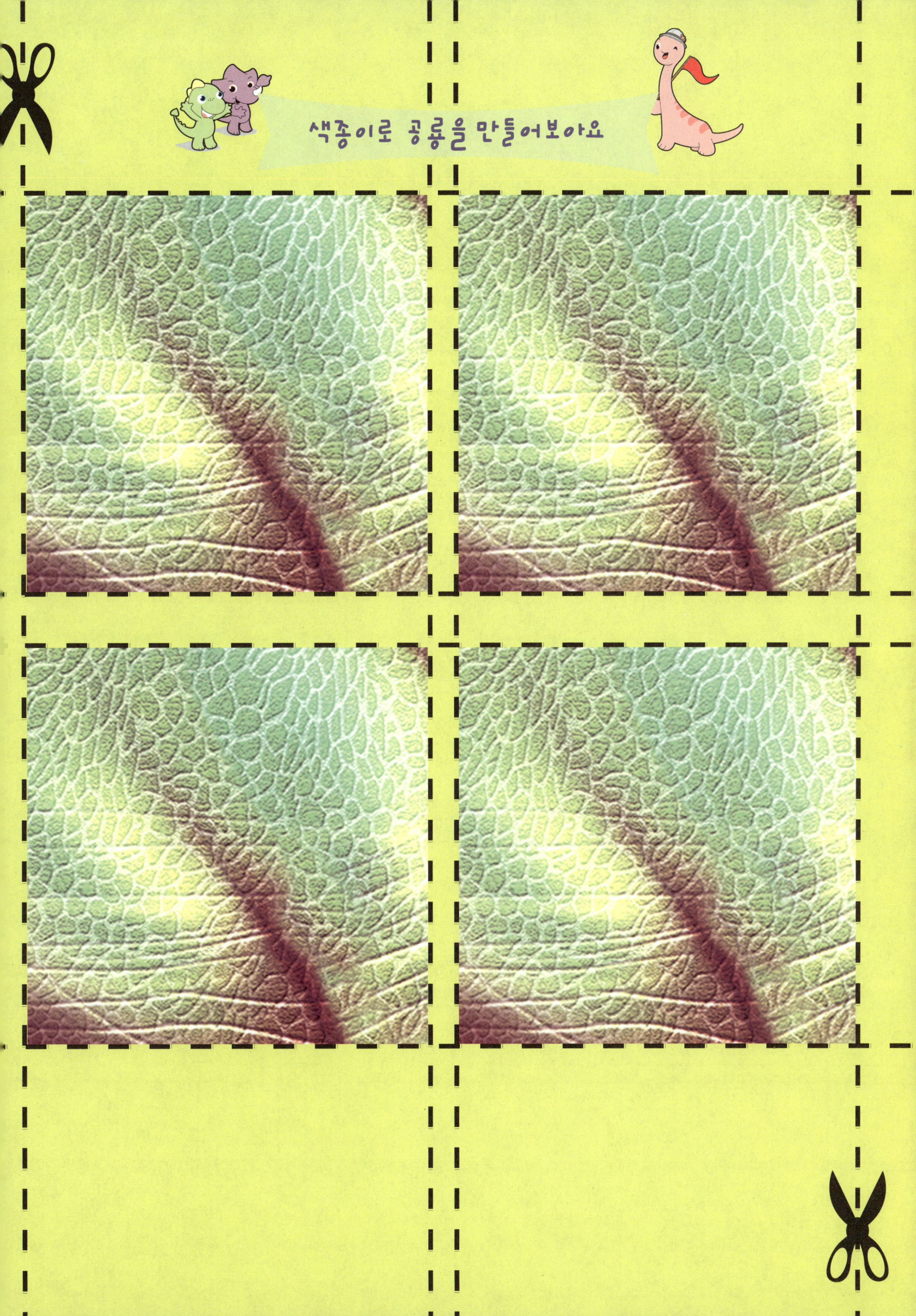
색종이로 공룡을 만들어보아요

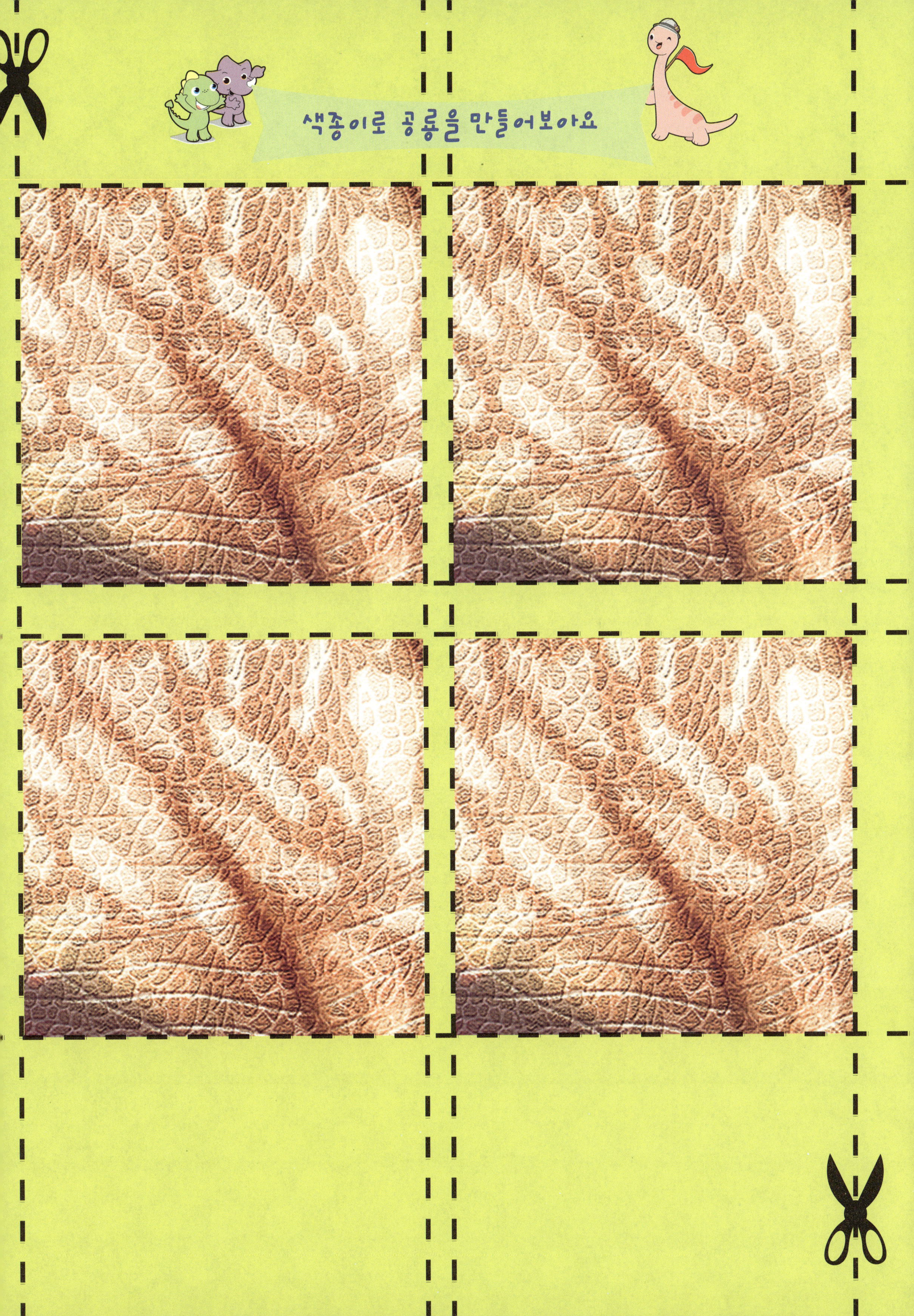
색종이로 공룡을 만들어보아요

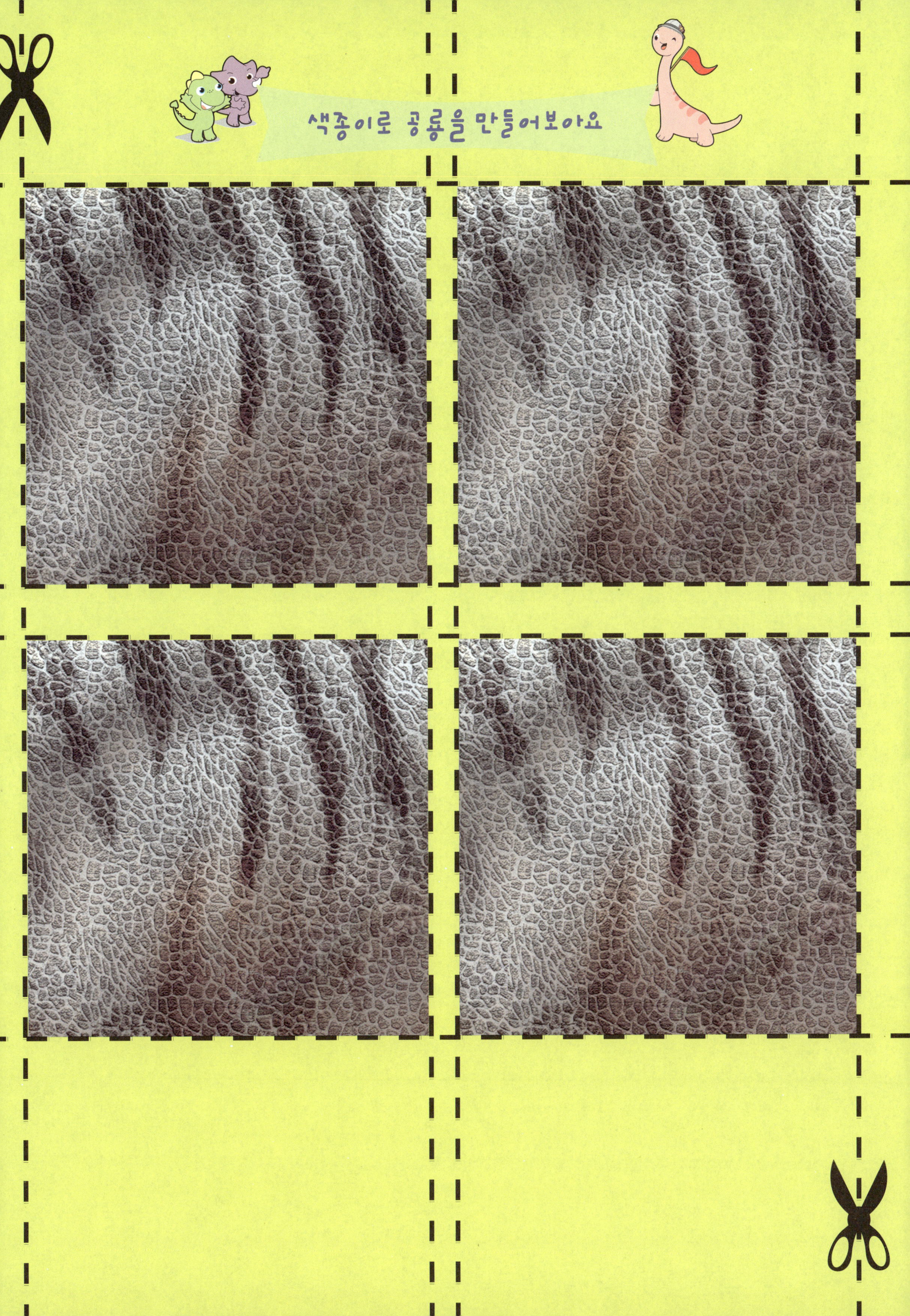

색종이로 공룡을 만들어보아요

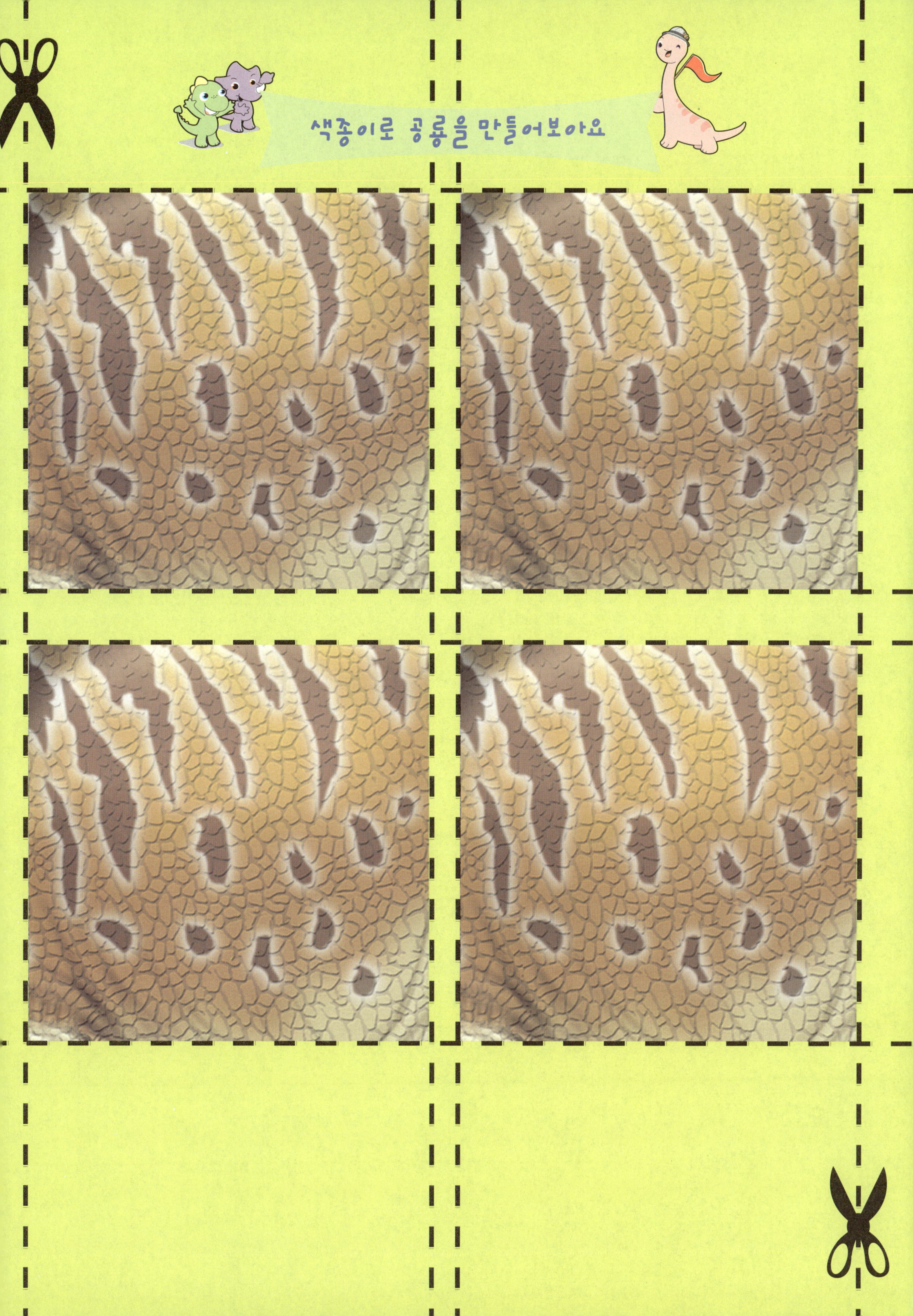
색종이로 공룡을 만들어보아요

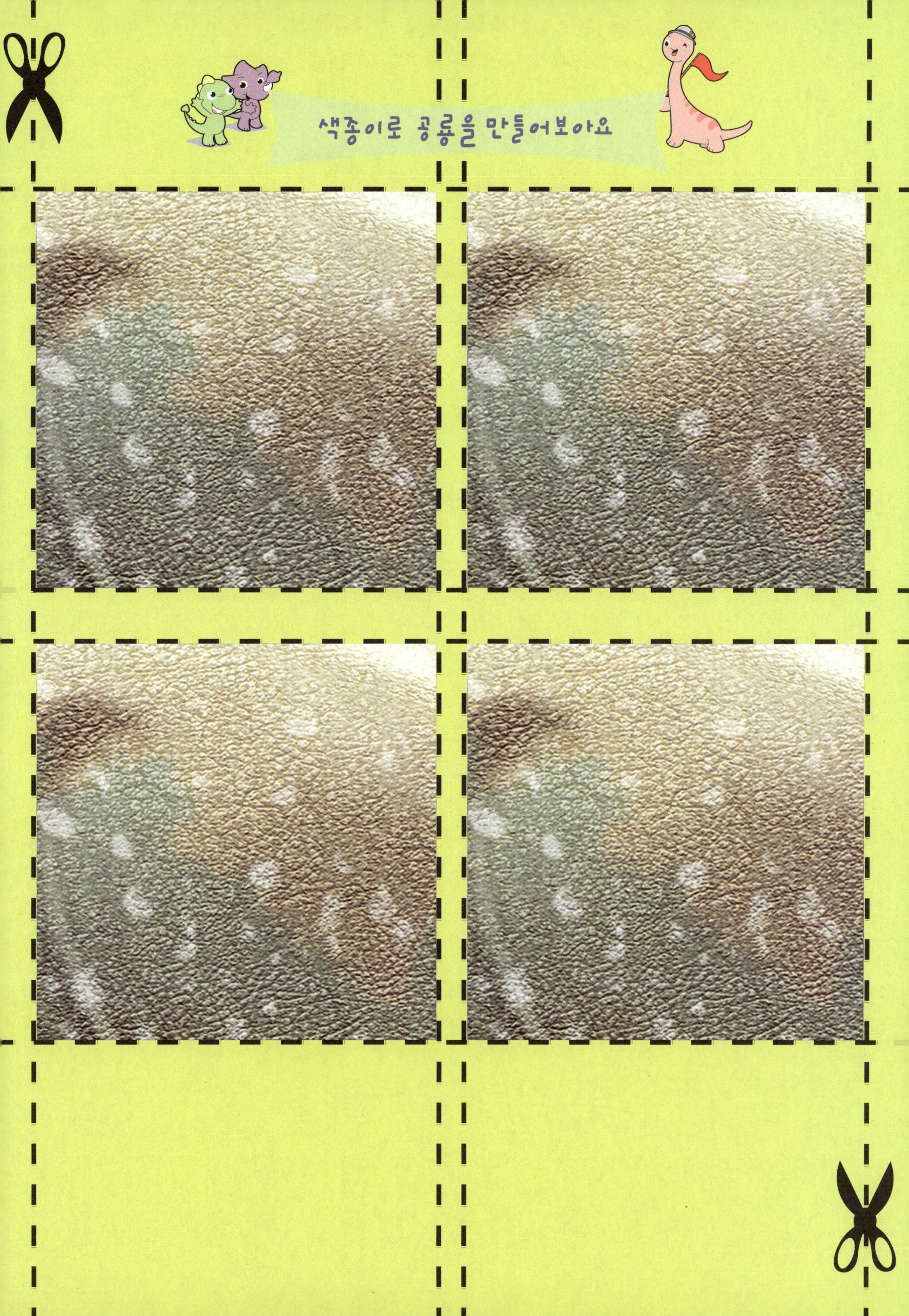

색종이로 공룡을 만들어보아요

색종이로 공룡을 만들어보아요

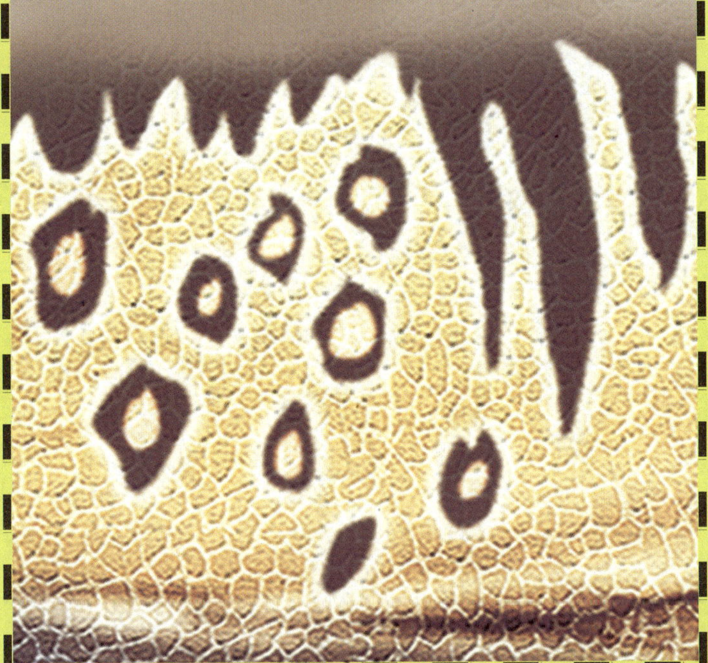
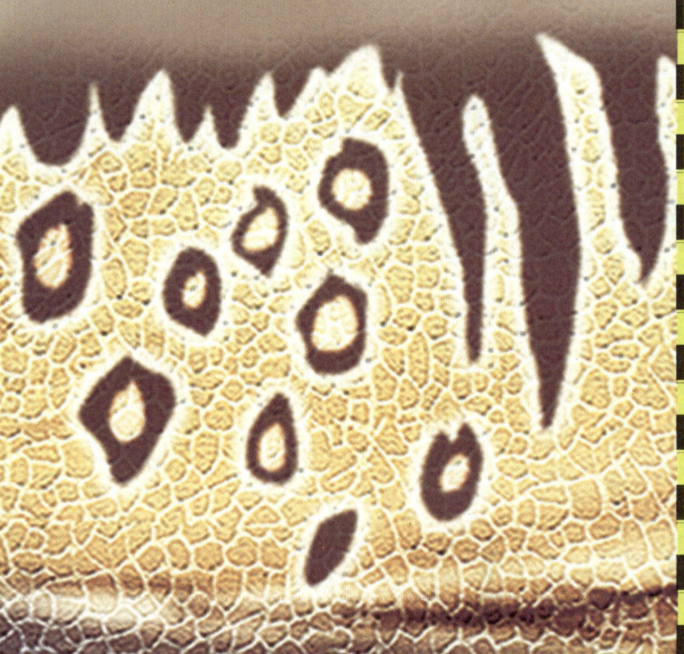
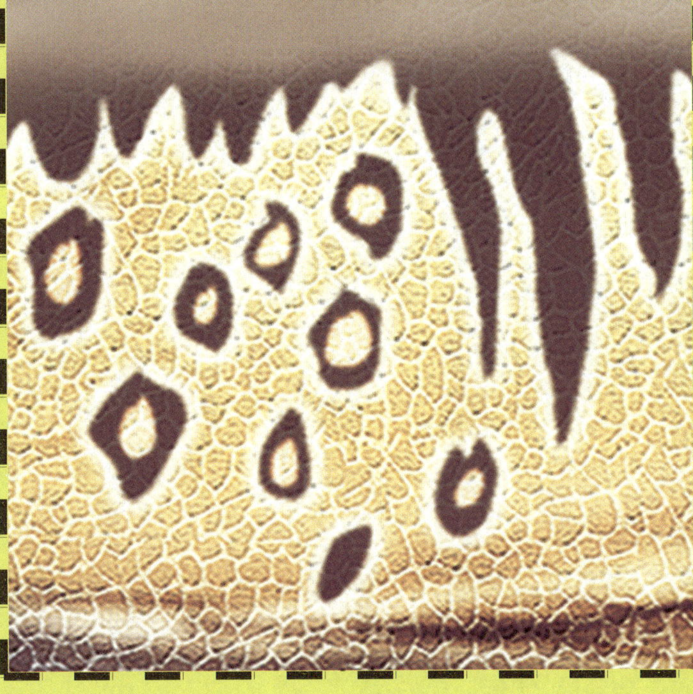
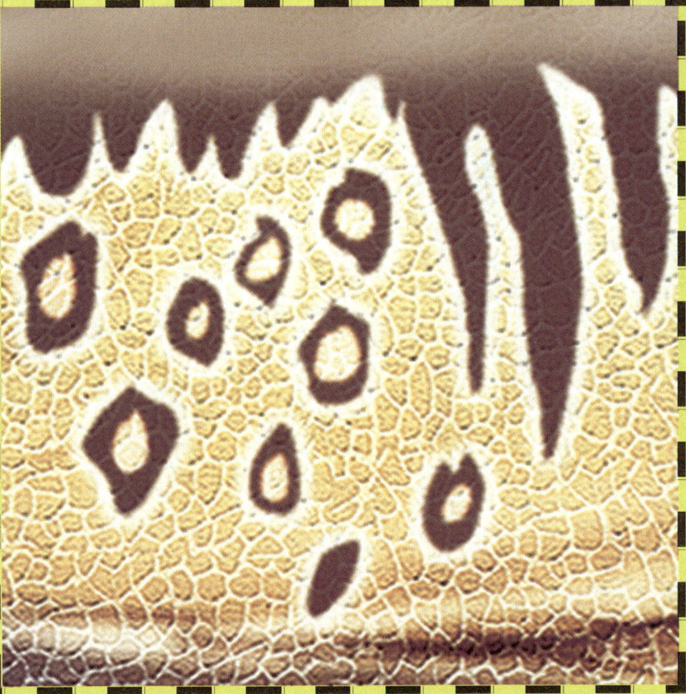

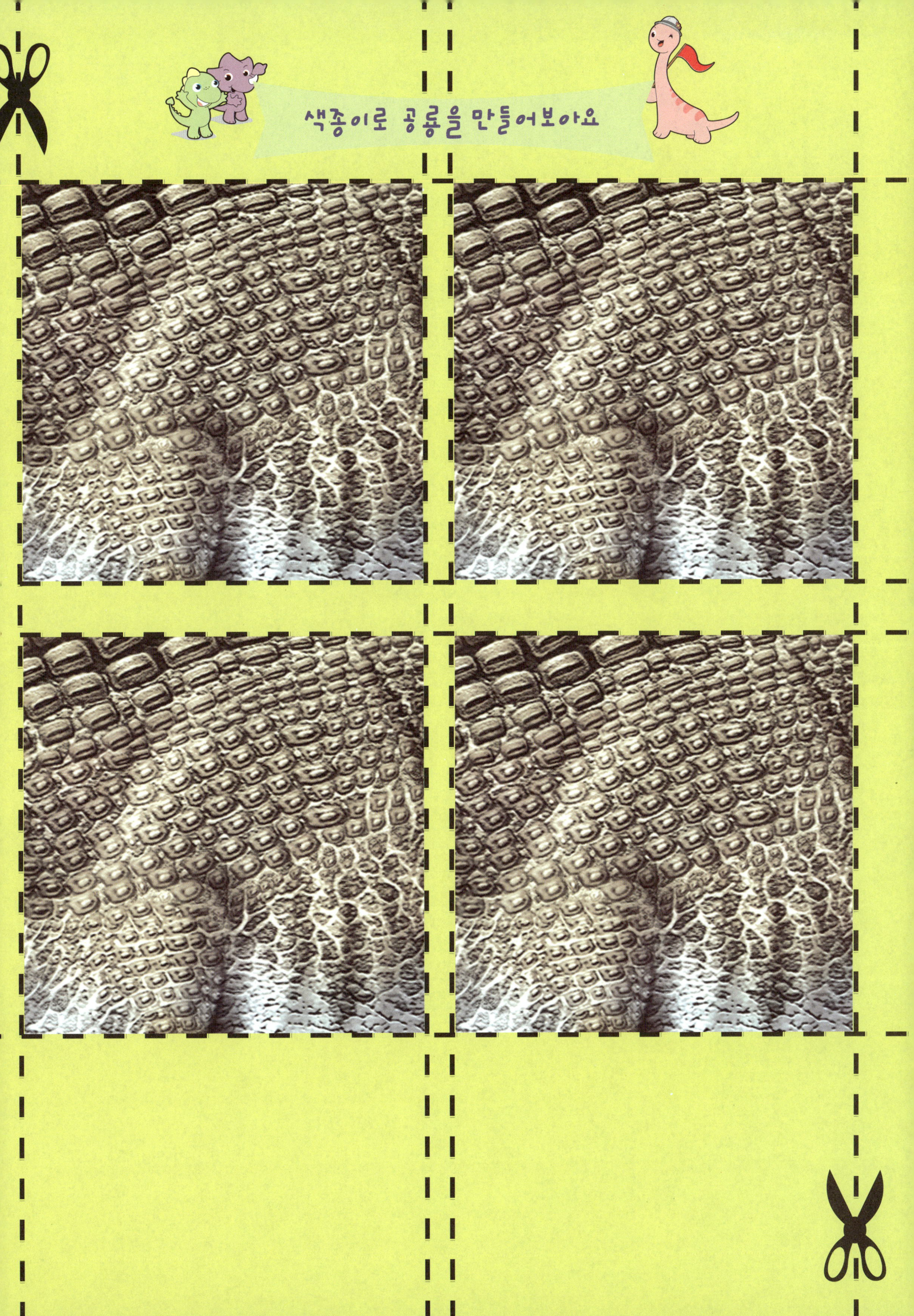
색종이로 공룡을 만들어보아요